KB142199

내 일의 필로소피

계속 ☑

잘나가는 ☑

사람의 ☑

비밀 ☑

PHILOSOPHY
ON MY WORK

내 일의 필로소피

최형렬 지음

쌤앤파커스

필로소피를 깨우치면
성장보다 쉬운 건 없다

나는 나이 대신 내가 살아온 날수를 정확히 센다. 세상이 규정하는 일반적인 나이는 딱히 신경 쓰지 않는다. 이는 주체적인 삶을 만드는 나만의 원칙이다. 이런 원칙을 정하는 일은 일견 쉬워 보이지만, 치열하게 고민해야만 얻을 수 있는 통찰이다. 일도 마찬가지다.

일에 대한 자기만의 시선, 가치, 즉 '일의 필로소피'는 우리가 방향성을 가지고 길을 나설 수 있게 만든다. 한 번 정립된 일의 필로소피는 커리어를 거치는 동안 경험을 먹고 입체적이고 단단하게 변한다. 그리고 이는 또 다른 성장에 기여하면서 선순환을 만든다. 커리어 초반에 먼저 필로소피를 정립한 이들이 결국에 크게 성장하는 이유다. 나 역시도 지난 16년간의 직장생활을 통해 내 일의 필로소피를 다질 수 있었다. 지금부터 그 자세한 이야기를 해보려고 한다.

일의 필로소피는 전에 없던 새로운 것이 아니다. 우리는 이미 학창 시절부터 나는 누구인지, 어떻게 살아갈지, 무슨 일을 할지, 어떤 회사에 갈지를 숱하게 고민해왔다. 그 과정에서 나의 기질, 욕망, 성향을 들여다보고 그것을 환경과 일치시키는 작업을 계속해왔을 것이다. 단지 당신은 이를 치열하게 정리해본 적이 없을 뿐이다. 일의 필로소피는 그런 반복되는 행동과 태도를 패턴화한 것으로 일의 원칙이라 할 수 있다. 이는 직장에서 모든 선택의 순간에 찾아오는 숱한 고민의 시간을 단축하여 효율성을 확보하고 선택의 효과를 극대화한다.

이를 위해서 우리는 나를 들여다봐야 할 뿐 아니라 내가 하는 일, 내가 다니는 회사, 나를 둘러싼 시장 혹은 세상을 두루 살펴야 한다. 나는 대체 무슨 일을 하면서 살고 싶은가를 뛰어넘어, 사회에서 기업은 어떻게 작동하는지, 내가 다니는 회사는 어떤 가치를 좇는지 파악해보는 것이다. 그래야 내가 원하는 것을 위해 회사나 일에 내주어야 하는 것을 명확하게 인지할 수 있다.

나는 첫 직장인 SK에서 초기 모바일 지갑 서비스를 개발하는 업무에 참여해 성과를 냈다. 그런 나를 눈여겨본 당시 CEO는 해외 사업을 추진하는 자신을 보좌해달라는 제안을 해왔다. 내 팀장은 내가 다른 부서로 이동하는 것에 반대했다. 그러면서 고위직의 스태프 직무로는 전문성을 뾰족하게 다듬을 수 없다는 우려를 내비쳤다. 물론 나를 생각한 말씀이니 정말 감사했지만 사실 내 생각은 조금 달랐다. 나는 CEO 곁이 아니면 경험하기 어려운 세계에서 변화를 주도하는 이들과 일을 논하는 내 모습을 상상하기 시작했다. 대기업이 해외에 진출하는 과정을 임원급의 시선으로 조망할 기회이기도 했다. 그래서 나는 부서를 이동했다.

그런 내가 몇 년 뒤 이직을 결심했던 것은 회사가 해외 사업 축소를 결정했기 때문이다. 그 당시 나는 해외 시장에 대한 열망을 이전보다 강하게 느끼고 있었다. 그래서 외국 기업으로 이직해야겠다고 생각했다. 물론 SK 내부에서 강한 만류가 있었다. 회사도 나를 핵심 인재로 간주했던 만큼 그냥 이직하게 내버려 둘 수는 없는 일이었다. 하지만 나는 내가 원하는 것이 무엇인지, 시대의 맥락 속에서 내가 어떤 위치를 점유했으면 하는지 잘 알고 있었다. 나는 영국 런던의 스타트업으로 약 1억 원가량 부대 비용을 감수하며 이직했다. 그런데 이 기업은 얼마 지나지 않아 알리바바그룹의 금융 계열사인 앤트그룹으로 인수됐다. 나는 어느새 영국, 중국, 한국을 두루 거치는 국제적인 비즈니스의 참여자가 되어 있었다.

그러던 중 쿠팡에서 내게 HR 업무를 제안해왔다. 안 그래도 줄곧 성장을 위해 파보아야 하는 분야라고 생각하던 차였다. 딱 1년만 해당 직무를 경험해보고 싶었다. 이직을 거듭하고 직급이 올라갈수록 사람의 능력을 제대로 파악하고 적재적소에 사람을 쓰는 일이 중요함을 절감했기 때문이다. 마침 쿠팡은 다양한 업무를 두루 경험한 사람이 시대에 적합한 인재를 알아볼 수 있다는 가정하에 나와 같은 사람을 찾고 있었다. 당시 주변 대부분의 반응은 '갑자기 웬 HR?'이었고, 누구는 내 경력에 흠이 될 일이라며 걱정했다. 그러나 이번에도 나는 사람에 대한 통찰을 얻을 수 있는 HR 업무에 대한 나의 열망을 믿어보기로 했고 쿠팡으로 이직했다.

쿠팡에서는 한국과 전 세계 기업을 샅샅이 훑으며 인재를 발굴하고 영입하는 일에 매진했다. 인턴십 프로그램 개발을 주도하기도 했다. '1년만'이라는 나만의 기준에 맞춰 1년 뒤 사업부로 이동할 기회를 만드는 노력도 게을리하지 않았다. 노력이라고 해서 대단한 건 아니었다. 직무를 열심히 수행하면서도 내 역량을 보여줄 기회가 있다면 절대로 놓치지 않았다. 그러니 회사 안팎에서는 이런 소리가 나오기 시작했다. "그런데 정말 HR하는 분이 맞아요? 저보다 사업을 더 많이 아시는 것 같아요." 심지어 사업부 고위 임원들 사이에서도 이런 말이 나왔다. "그런데 형렬 님 이력이 어떻게 됩니까? 채용뿐 아니라 사업적으로도 제가 필요한 것들을 정말 잘 짚어주시네요." 그러다 결국 한 사업부에서 함께 일하자는 제안을 받았고 나는 쿠팡의 로켓 사업부로 소속을 옮기게 되었다. HR 부서에서 일한 지 딱 1년째 되는 날이었다.

이렇게 여러 기업에서 다양한 직무를 경험하며 나는 크게 성장했다. 먼저 일에 대한 인식의 범주가 넓어지고 일을 추진하는 방식에 대한 선택권이 확장됐다. 다양한 일을 넘나들어보니 일의 종류가 아니라, 일이 해결하려는 문제가 무엇인지에 집중하기 시작했다. 나는 일하러 출근하는 것이 아니라 문제를 해결하러 출근하는 사람이 되었다. 결국 나는 무슨 일이든 맡겨볼 만한 사람으로 인식되기 시작했다. 둘째로 유연성과 적응력을 키울 수 있었다. 4차산업혁명의 바람이 불며 급변하는 요즘에도 내게는 어떤 변화에도 잘 해낼 수 있다는 자신감이 있다. 셋째로 나의 고유한 선택을 믿고 그에 책임지는 대체 불가능한 힘을 기를 수 있었다. 그냥 내 맘대로 살 수 있게 되었다는 뜻이 아니다. 선택에는 항상 책임이 따른다는 사실을 알게 되었고 무엇을 선택하든 책임지고 해낼 수 있다는 자신감을 얻게 되었다는 뜻이다. 모든 선택에 내가 스스로 납득할 만한 근거를 세울 수 있게 됐다. 내가 일의 필로소피를 구축하고 삶의 주체성을 획득했다고 말해봐도 좋겠다.

일의 필로소피를 구축하면 자기 욕망과 회사가 내게 요구하는 기대역할 사이에서 어렵지 않게 균형을 잡을 수 있다. 자신의 욕망과 반목하지 않는, 최선의 결정을 할 수 있다. 이는 외부의 변화에도 유연하게 대응하는 힘이 되어준다. 경제위기가 오든 산업계가 재편되든, 시대에 휩쓸리지 않고 자신만의 길을 찾고 만들어 갈 수 있게 해주는 것이다. 필로소피를 가진 자들은 조직에서도 자신만의 게임을 주체적으로 펼친다. 이들은 여기저기서 소위 '잘나가는 사람'으로 불린다.

나는 지난 16년간 다양한 국가에서 다양한 업무를 경험하며 이러한 사람들을 수도 없이 접해왔다. 나 또한 그들로부터 영향을 받아 크게 성장했다. 그 과정에서 깨달은 일의 필로소피를 총 5장에 나누어 정리해보고자 한다. 일의 필로소피를 갖추는 데 필요한 것들과 이를 운용하는 구체적인 방법을 다룰 것이다.

첫 번째 장에서는 대체되지 않는 주도적인 이들의 해결 마인드를 엿본다. 두 번째 장에서는 잘나가는 사람들의 실질적인 성장 비결이 무엇인지 알아본다. 세 번째 장에서는 확보한 실력을 어떻게 잘 운용하고 유지해나갈 수 있을지 살펴본다. 네 번째 장에서는 지속 가능한 발전을 위해 공부해야 할 요소를 짚어본다. 마지막, 다섯 번째 장에서는 이직의 기술을 톺아본다.

삶은 끝나지 않은 탐구와 실험과 검증의 연속이다. 삶은 항상 여기 이후, 미지의 세계를 향한다. 그러나 내가 지금 무엇을 원하고 무엇을 하고 있는지 안다면, 처음 발을 내딛는 길에서도 중심을 잡을 수 있다. 우리는 일의 필로소피를 쥐고 더 많이 도전하고, 경험하고, 배우고, 더 멀리 나아갈 것이다. 이제 그 길을 나설 때다.

차례

CHAPTER 1

해결의
필로소피

당신은 같이 일하고 싶은 사람인가요?

길바닥(스트릿) 정신으로
인정받는 법

내가 29CM에 합류하고 나서 가장 큰 인상을 받은 사람은 영업기획팀을 이끄는 민지홍 님이다. 우스갯소리로 자신이 길바닥 출신이라고 말하는 민지홍 님은 실제 대학 졸업 후 선후배들과 합심하여 남성용 가방을 만드는 브랜드를 창업했다. 자연스레 허슬러의 삶을 살며 밤낮, 주말 없이 회사를 키워냈다. 어떤 계기가 있어 일터를 29CM로 옮기기는 했지만 전문 역량을 바탕으로 MD 역할을 맡아 두각을 나타냈다. 그는 일의 체계를 잡고 다른 부서와 협업하는 데 능했다. 누구보다 성실하게 하나부터 열까지 꼼꼼하게 일을 챙기며 수행하는 모습을 보여주었다. 이런 면모는 새롭게 합류한 영업 본부장의 눈길을 끌었다. 그는 민지홍 님을 영업기획팀장으로 승진시켰다.

영업기획팀은 모든 사업 계획과 운영 방침, 그리고 지원 사항을 크고 넓게 정비하고 제공하는 조직이다. 어찌 보면 사업 성장의 시작과 끝을 모두 책임지고 있다고 해도 과언이 아니다. 민지홍 님은 이런 조직을 이끌고 있다. 누군가 이렇게 빠르게 성장하는 일은 규모가 아직 충분히 크지 않은 기업에서 자주 발생하곤 한다. 하지만 민지홍 님만큼 성공적으로 그 기회를 잡는 경우는 드물다. 과연 무엇이 그를 완전히 다른 직무에서 더 크게 활약하게 만든 걸까?

매일 얼굴을 보고 함께 고민을 나누고 일을 추진하면서 발견한 그의 성장의 비밀 첫 번째는 바로 높은 수용 능력이다. 회사에서 성장하는 첫걸음은 마음을 열고 새로운 일, 환경, 의견에 귀를 기울이는 것이다. 그리고 뭐든 직접 경험하는 것이다. 당연히 수용력이 높을수록 성장의 기회도 더 많이 생긴다. 본부장이 어떤 생각을 했든 그의 제안이 MD 역할을 잘 수행하고 있던 민지홍 님에게는 '마른하늘에 영업기획'으로 다가왔을 수 있다. 그러나 그는 이 일을 숙고하고 수용하여 결국 이전과는 완전히 다른 영역에서 큰 폭의 성장을 만들어낼 기회를 놓치지 않았다. 자기에게 익숙하고 편안한 틀을 깨부수지 않으면 그 어떤 성장도 만들어내기 어려운 법이다.

두 번째 특징은 일에 대한 깊은 이해다. 나는 단 한 번도 그가 아는 것을 제대로 설명하지 못하는 것을 본 적이 없고 모르는 것을 안다고 말하는 것도 본 적이 없다. 그는 제대로 알아야만 직성이 풀리고, 모르는 것이 있더라도 하루 만에 다 알아내는 인물이다. 자신이 원하는 정보를 누구에게 물어야 빠르고 정확하게 파악 가능한지 안다. 또 자신의 능력이 필요한 사람이 누구고 그들이 이를 왜 원하는지 안다. 일 전반이 그를 거치기 때문에 영업기획팀의 업무는 결국 그를 중심으로 전개된다. 조직과 개인 모두에게 유리한 상황을 조성하는 최고의 방법이다. 당신에게는 이런 특별함이 있는지, 이해도나 이해 욕구 측면에서 나의 경쟁력은 어느 수준인지 한번 생각해 볼 필요가 있다.

그에게서 보이는 세 번째 특성은 성실하고 헌신적인 마음 가짐이다. 나는 그가 한 번도 그날의 일을 마무리하지 못했는데 퇴근하는 모습을 본 적이 없다. 야근해야 한다는 소리가 아니다. 그는 누구보다 많은 업무를 담당한다. 수많은 부서의 회의 요청과 건의 사항 전달, 그리고 십 수 건의 정례 미팅의 연속이다. 하나가 밀리면 그다음 일에 여파가 가고 이것이 그 일과 연관된 조직의 업무 진행, 나아가 회사 전체의 사업 추진 속도에 영향을 미친다는 것을 그는 알고 있다. 그래서 이런 문제가 생기지 않도록 그는 일을 끝내기 전에는 집에 가지 않는다. 물론 점차 조직이 커지면서 그 스스로 하지 않아도 되는 업무가 생기기도 한다. 그러면 그는 또 다른 일을 물색하는 성실함과 헌신을 보여준다.

2024년에 29CM는 홈&리빙 사업의 큰 성장을 만들고자 온라인 대형 기획전을 준비했다. 우리가 가진 양질의 브랜드와 상품을 최상의 혜택으로, 매력적인 방식으로 고객들에게 전하고자 했다. 이 일에는 내가 이끄는 라이프스타일 영업 부서를 넘어 마케팅, 크리에이티브, 제품, 개발, 운영 부서를 아우르는 총체적인 인력이 필요했다. 그중에서도 민지홍 님의 영업기획력은 일의 성립을 위해 꼭 필요한 역량이었다.

이런 대형 프로젝트는 까다로운 디테일을 숨 막히게 신경 써야 한다. 관심도가 높은 만큼 일을 지켜보는 눈도 많아진다. 수익률, 재고관리, 자원배분에 있어 최대한의 효율을 확보해야 일이 지체될 여지를 없앨 수 있다. 비즈니스 파트너들, 시장 전체와의 관계를 고려하여 일을 진행해야 사업이 끝난 뒤의 기회까지 도모하고 리스크를 관리할 수 있다.

민지홍 님은 이 프로젝트를 영업 조직 전체가 관여하여 진행하면 MD들이 행사 상품의 확보와 혜택 설계 업무에 집중하기 어려워질 수 있다는 점을 간파했다. 그래서 그는 그 일을 온전히 자신이 떠안기로 했고, 영업 부서가 행사 실행 업무에 집중할 수 있는 환경을 만들어주었다. 그는 역할을 훌륭하게 수행했고 서로 다른 역할과 이해관계를 가진 조직이 서로 힘을 모으는 데 기여했다. 그는 누군가는 추가적인 업무에 헌신해야 직원들이 일의 본질에 집중할 수 있다는 것을 이해했고 기꺼이 그 역할을 맡았다. 조직이 이런 직원을 안 좋아할 수는 없을 것이다.

변화를 수용하고, 일을 깊이 이해하며, 성실하고 헌신적으로 일을 대하는 자세를 통해 그는 업무 전환에 성공했다. 물론 조직에도 큰 성과를 안겨주고 있다. 내가 민지홍 님 사례에서 배운 점은 성장하기 위해서는 기존의 틀을 깨부술 수 있어야 한다는 점이다. 이를 위해서는 독립성과 도전 정신을 갖추어야 한다. 또 모든 걸 스펀지처럼 흡수하여 내 것으로 소화해야 한다. 맡은 일에 대해 정확하고 깊게 알고 이를 바탕으로 필요한 이들에게 적절한 형태로 도움을 주면 남들은 당신을 가치 있는 사람으로 판단할 것이다. 내가 하는 일이 조직과 회사 전체에 미치는 영향을 가늠하고 좋은 영향력을 지속해서 발휘한다면 남들은 당신을 성실한 사람 이상이라 생각할 것이다.

02

회사에 대한 불만족 vs.
자기 퍼포먼스에 대한 불만족

기업이 끊임없이 성장하고 자금이 풍부해서 언제든 실적만 낸다면 듬뿍 보너스를 안겨준다. 동료들은 모두 뛰어나서 갖가지 문제를 다 풀어내며 서로를 성장시킨다. 직무가 당신의 관심사에도, 역량에도 적합한데 유망하기까지 하다. 일하면 할수록 성장의 속도가 기하급수적으로 증가하는 느낌이 든다.

직장인이라면 누구나 이런 상황을 꿈꿀 것이다. 그러나 이러한 환경은 쉽게 주어지지 않는다. 모든 요소가 복합적으로 맞물리는 동시에 주체적으로 노력해야 그 가능성을 조금이나 마 키울 수 있을 뿐이다. 고생 끝에야 찾아올 법한 낙이며 그 고생은 어지간한 수준 이상이다. 현실에서는 회사든 사람이 든 일이든 무엇 하나 만족스럽지 않은 경우가 대부분이다. 이 러한 상황에서 우리가 택할 수 있는 길은 아주 크게 생각해보 면 2가지밖에 없다. 성장을 도모하든 버티든 그냥 그곳에 남 거나, 이직이든 창업이든 회사를 떠나는 것이다. 이 중 전자의 경우를 조금 더 이야기해보자.

당신이 만족하지 못하는 것이 회사인가, 당신의 퍼포먼스 인가? 이 둘은 전혀 다른 차원의 문제다. 일을 잘하는 사람은 회사가 좋든 싫든 일을 잘한다. 회사가 싫어서 일을 잘하지 못 하겠다는 말은 어불성설이다. 실력을 키워 해결할 수 있는 문 제의 난이도와 범주가 심화하면 회사에서 받는 인정과 지원 도 강화된다. 그러면 전반적으로 회사, 동료, 일에 대해 긍정 적인 인식을 형성할 수 있게 된다. 이직하더라도 이런 상태에 서 해야 더 좋은 결과로 이어진다.

아이러니하게도 우리는 이직을 결정하고 회사에 통보하 는 시점에 회사가 나를 어떻게 생각하는지 정확하게 알게 된 다. 관련된 업무가 마무리될 때까지 최대한 퇴사 시점을 늦춰 줄 것을 요청받는 사람은 인정받고 있을 가능성이 크다. 반면 언제 나가든 상관없다는 식으로 별다른 요청도, 요구도 받지 않는 경우가 있다면 자신을 다시 돌아봐야 한다. 일 처리가 아무리 깔끔한 조직이라 해도 일 잘하는 사람을 그런 식으로 떠나보내지는 않는다. 만약 당신이 그런 취급을 받았다면 다음 직장에서도 상황은 반복될 확률이 높다.

내가 일을 잘하지 못하는 것 같다는 생각이 들면 무엇부터 따져보는 것이 좋을까? 나는 당신의 역량이 회사에서뿐 아니라 회사가 속한 시장에서도 통하는지를 따져야 한다고 생각한다. 지금의 회사가 일반적이지 않은 분야에서 예외적인 방법으로 일하는 곳이 아니라면 같은 분야의 거의 모든 기업은 비슷한 방식의 업무 프로세스를 가지고 있을 것이다. 그러니 지금 회사에서 맡은 일을 잘 해내면 언젠가 다른 회사에서도 잘 해낼 수 있다.

만약 당신의 핵심 역량이 시장을 분석하고 전략을 수립하는 일이라고 해보자. 시장은 언제든 불확실성이 높아지고 경쟁이 거세지고 복잡해질 수 있다. 그러면 커리어의 다음 단계로 나아가는 일의 난이도도 높아진다. 이때 A기업에서 시장 분석, 전략 수립 경험이 많은 사람이라고 해서, B기업의 그것까지를 잘 해낼 수 있을지는 예단하기 어렵다. 특히나 직장생활을 해본 사람이라면 어느 기업에서든 경영전략이 순수하게 논리와 과학과 합리로만 도출되지 않는다는 점을 알 것이다.

권력의 역학관계, 정치적인 요소가 반영되기 때문이다.

이번에는 당신의 제1의 역량이 파워포인트 작성이라고 해 보자. 적어도 파워포인트 사용을 지양하고 워드 파일에 적힌 텍스트로 소통한다고 알려진 아마존 같은 기업에서는 이 역량을 높이 치지 않을 것이다. 하지만 파워포인트 작성 능력으로 확인할 수 있는 논리적 사고력, 간결한 표현력, 효과적인 커뮤니케이션 역량은 아마존에서도 자랑할 수 있을 것이다.

수요가 많지 않지만 희귀하고 독보적인 역량을 가졌을 수도 있다. 쿠팡에서 채용 업무를 담당하던 내가 가장 어려움을 느꼈던 건 드라이아이스 공장의 리더를 찾는 일이었다. 국내에서 이 일을 해본 인재가 극소수에 불과했기 때문이다. 만약 당신이 채용 시장에서 독보적인 경쟁력을 얻고 싶다면 아무도 하지 않으려 하지만 꼭 필요한 일에 경력을 쌓아보는 것도 좋은 전략이다.

그렇다면 내 직무가 시장에서 통하는지는 어떻게 객관적으로 판단할 수 있을까? 채용 시장을 둘러보면 답이 나온다. 당신이 몸담은 업계의 채용 공고를 살펴보자. 내 직무를 얼마나 많은 기업이 원하는지 파악할 수 있다. 채용 시장이 얼어붙은 2023년 하반기와 2024년 상반기에도 수시로 보이는 채용 공고는 그로스 마케팅, 영업, 개발, 데이터 관련 직무였다. 그리고 각 기업 채용 공고를 상세하게 들여다보면 요구되는 매체, 광고 툴 경험, 개발언어, 데이터 툴이 무엇인지 쉽게 알 수 있다. 만약 내 직무와 관련된 채용 공고를 찾기 어렵다면 내 직무의 시장성을 의심해봐야 한다.

직무가 고객 트렌드와 얼마나 밀접한지를 생각해보는 것도 좋다. 모든 기업에는 고객이 있다. 내가 고객의 요구에 구체적으로 부합하는 일을 하고 있다면 그 일은 시장 내에서 통용되는 일일 가능성이 크다. 예를 들어 비혼, 저출산 문제가 초기에 부상할 때 MBC 예능 프로그램 '나 혼자 산다' PD는 시청자들이 앞으로 어떤 콘텐츠를 원할지 파악했을 것이다. 물론 그의 핵심 역량은 콘텐츠 제작 자체에 있지만, 그는 사회를 통찰하고 콘텐츠의 방향성을 결정하는 기획 역량도 뛰어나다. 그래서 시장을 예측해야 하는 다른 업계에서도 이 능력은 통할 것이다.

다음으로, 일을 잘하기 위해서 당신은 회사가 도구라는 점을 항상 염두에 두어야 한다. 회사가 좋다고 크게 안심할 것도, 그렇지 않다고 그리 낙담할 것도 없다. 당신은 회사에서 하는 일을 통해 새로운 지식과 경험을 쌓고 이것을 자신만의 실력으로 제련하여 언제든 다른 회사, 다른 환경, 심지어 회사가 아닌 곳에서 자기 삶을 책임질 수 있어야 한다. 나의 멘토인 이재권 님은 저서 《자기만의 미래를 선택하라》에서 회사는 골프채고 스윙은 자기 역량이라는 비유를 들었다. 그에 따르면 스윙 폼이 좋은 사람은 저렴한 골프채를 들어도 볼을 잘 친다. 반면 역량이 떨어지는 사람일수록 골프채의 가격이나 브랜드 같은 비본질적인 요소에 집착한다. 직장 생활에서도 본질은 역량, 도구는 회사다.

결론적으로 잘나가는 사람이 되기 위해서는 회사나 일이 마음에 들지 않더라도 다음 3가지를 행할 수 있어야 한다.

1. 회사가 마음에 들지 않더라도 인정받는 것이 진짜 실력이다. 그렇지 않은 상황에서 회사가 맘에 들지 않는다는 핑계로 실력을 키우지 못하면 결국 자기 손해가 된다. 진짜 실력자들은 이를 분명하게 구분한다.

2. 커리어를 지속하고자 하는 시장에서 수요가 있는 일을 해야 당신의 성장에 가치가 있다. 다른 회사에서는 못 할 일을 열심히 하는 것은 아무런 의미가 없다. 특히나 한 기업에서 10년 이상을 일한 경우라면 자신의 직무가 시장의 수요와 일치하는지 확인해봐야 한다.

3. 회사를 도구로 삼아 학습하고 연습해 키운 실력을 다른 회사, 또는 자기 일에 적용해야 한다. 회사 자체에 충성해서는 안 된다. 그러나 역설적으로 자기 삶을 위해 일하는 사람들은 결코 회사 일에 소홀한 법이 없다.

03

전문성은 인간의 능력을 제한한다

큰 혁신이 이루어지는 시기의 산업 흐름에는 어느 정도 일관된 패턴이 있기 마련이다. 4차산업혁명이 본격화되며 각종 산업의 기득권과 신규 세력이 충돌하고 서로를 대체하고 있다. 온라인 커머스 기업이 급성장하며 오프라인 소매점이 우수수스러졌다. 급부상한 한 전기차 기업은 주요 완성차 업계의 시가총액을 훌쩍 넘어섰다. 부동산 자산 중심으로 시대를 지배했던 호텔 업계가 에어비앤비 등의 공유 경제에 빠르게 점유율을 내줬다. 이런 시기에는 A를 해봤던 사람만이 A를 잘할 수 있다는 공식이 더는 유효하지 않다. 원래 잘하던 일로 시장을 선도할 가능성은 확실히 낮아졌다.

쿠팡을 창업한 김범석 의장은 본래 리테일 업계에 몸담았던 인물이 아니다. 미국에서 급성장하던 공동구매, 소셜커머스 사업을 한국에서 그것도 후발 주자로 시작했을 뿐이다. 그런 그가 현재 대한민국 리테일 업계를 주도하는 기업을 일구었다. 알리바바를 창업한 마윈 회장 역시 앤트그룹을 통해 세계 최대 핀테크 서비스를 제공하고 있지만, 은행에서 일했거나 금융 관련 학위를 딴 바는 없다. 이런 인물 중 전 세계에 큰 영향을 끼친 경우로는 일론 머스크와 스티브 잡스가 있고, 역사를 거슬러 올라가 보면 레오나르도 다빈치도 빠지지 않는다. 한두 가지의 일보다는 다방면으로 다양한 역량을 발현하고 성과를 남긴 이들이 역사에 이름을 남긴 경우는 많다. 4차 산업혁명이 진행되고 있는 최근 10년은 그 어느 시기보다도 이런 경향이 강해지고 있다.

과연 전문성은 중요한가? 전문성을 갖추기 위해서는 긴 시간 큰 노력을 기울여야 한다. 전문성은 그 말에서부터 구분을 전제로 하고 있다. 전문성은 일반적으로 2가지가 있다. 의사, 변호사, 회계사 등과 같이 실제 공인된 자격증으로 검증되는 전문성, 특정 영역에서 갈고닦은 깊이 있는 실력을 일컫는 전문성. 이 중 후자는 직장인 대부분이 갖출 수 있는 전문성이다. 최근에 마케팅 전문가가 아닌 유튜버와 인플루언서들이 수많은 상품의 판매를 촉진하고 있다. 인재 모집, 평판 조회 서비스는 HR 전문가를 대체하며 크게 성장했다. 광고 전문가는 이제 네이버와 인스타그램을 잘 활용해야 한다. 일련의 현상들은 과연 무엇이 진짜 전문성인지를 생각하게 만든다.

사실 전문성은 현대에 발명된 개념이다. 일각에서는 전문성이 인간의 가능성을 제한한다고 주장하는 이들도 있다. 와카스 아메드Waqas Ahmed의 《폴리매스》, 데이비드 앱스타인David Epstein의 《늦깎이 천재들의 비밀》, 월터 아이작슨Walter Isaacson의 《레오나르도 다빈치》, 이 세 권의 책이 주장하는 것도 인간은 누구나 다재다능한데 전문가라는 환상적 개념이 전파되면서 인간의 능력이 극도로 제한되기 시작했다는 것이다. 오늘날 기업도 직군, 직무 등의 이름으로 역할과 책임을 부여한다. 이는 커리어라는 말로 간결하고 멋지게 묶이고 전달되고 소비된다. 커리어가 그 사람의 전문성을 쉽게 파악하는 도구가 됐다. 물론 인구와 사회 복잡도의 증가, 효율 중심의 업무 추구 등이 이러한 행태가 보편화된 이유일 것이다. 하지만 이제 시대가 변했다. 쿠팡은 전문성에서 탄생하지 않았고 앤트그룹 역시 전문가가 만들어낸 기업이 아니다. 유튜버,

인플루언서 경제는 전문가들을 중심으로 운영되지 않는다. 패션 기업 또한 패션 관련 학위가 없는 이들을 영입하고 있다.

이를 대표적으로 보여주는 인물이 29CM의 사업을 이끄는 나의 상사다. 주로 외국계 기업에서 IT 서비스 세일즈에서부터 온라인 광고 영업, 크로스 보더 이커머스 셀러 사업을 추진하다가 29CM에 합류했다. 그는 불과 3년 만에 3배가 넘는 성장을 만들어냈다. 그는 패션 전문가가 아니다. 오히려 강점은 학습하는 방식을 구축하고 학습 내용을 업무에 반영하는 능력 자체에 있다. 그는 이 문제 해결 역량만으로 전문성을 대체하거나 압도하는 성과를 만들어낼 수 있음을 보여준다.

패션 플랫폼의 성장을 위한 핵심 요인은 좋은 브랜드를 확보하는 일이다. 보통 한두 개의 메가 브랜드를 확보하면 다른 브랜드들이 플랫폼에 들어오도록 유도할 수 있다. 이때는 전문성보다는 체계적인 계획과 민첩한 속도가 생명이다. 전문성이 없더라도 고객들이 모바일 앱에 남기는 데이터, 예를 들면 특정 복장, 색상, 스타일, 브랜드에 대한 선호도의 표현(좋아요, 댓글, 리뷰, 장바구니 등)을 다량으로 분석하여 객관적인 기준에서 소비 트렌드를 읽어낼 수 있다. 이런 인사이트는 메가 브랜드와의 협력을 용이하게 만든다. 문제 해결 역량을 갖춘 이들은 쉽게 해낼 수 있는 일이다. 이들은 전문가들보다 더 다양한 일로 자기 역량을 확장한다. 자기 일의 규모를 확대하는 스케일업의 여지가 더 큰 것이다.

압도적인 양의 데이터, 높은 수준의 실험 통제, 극히 낮은 비용으로 대변되는 4차산업혁명이 이를 가능케 한다. 당신이 속해 있는 기업이 만약 데이터를 중요하게 다루고, 광범위한 고객과 온라인상에서 마주할 수 있는 다수의 접점을 가지고 있고, 기술 인프라까지 자체적으로 갖췄다면 일부러라도 전문성을 넘나들어야 한다. 이제 높은 확률로 기업 대부분이 데이터 중심 환경을 기반으로 업무를 전환하게 될 것이다. 그러니 앞으로 전문성에만 목매서는 안 된다. 전문화는 앞으로의 변화에 대응하는 최적의 방법이 아니다. 그렇다면 회사원으로서 전문성에 의존하지 않고 다양한 분야에서 높은 수준의 문제 해결 역량을 갖추어 나가기 위해서는 어떻게 해야 할까?

에릭 리스의 《린 스타트업》에 그 힌트가 있다. 직장인을 시장에서의 빠른 성장과 대응을 요구받는 스타트업이라 가정해보자. 린 스타트업 방법론은 두 문장으로 요약할 수 있다. "실험하고 검증하고 학습하여 문제를 해결한다. 이 전체 과정을 얼마나 빠르게 수행하는지가 해당 문제를 둘러싼 영역에서 유효한 학습 결과를 도출하고 문제를 장악하는 관건이다." 이

책에 따르면 변화의 속도는 점점 더 빨라지고 있다. 그런데도 스타트업들은 아직도 표준적인 예측 모델과 제품 개발 마일스톤, 구체적인 사업 계획서에 의존한다. 창업가 정신의 근본적인 목표가 극심한 불확실성 속에서 조직을 운영해 나가는 것이라고 한다면 조직의 주요한 기능 역시 지속해서 학습되어야 한다. 학습은 스타트업 발전에 필수 불가결한 요소다.

만들기-측정-학습-피드백 순환은 린 스타트업 모형의 핵심이다. 중요한 것은 개별 활동 자체가 아니다. 이 피드백 순환을 통해 순환 소요 시간을 최소화하는 데 힘을 쏟아야만 한다. 이것이 스타트업 운영의 정수다. 고객이 무엇을 원하는지 마음대로 상상하거나 고객과 아무 관련이 없는 것들을 학습하는 일은 유효하지 않다. 학습은 고객 경험에서 나오는 실제 데이터로 수행되어야만 한다. 경영자는 계획의 성공과 실패 요소를 파악하고 지속해서 민첩하게 전략을 수정해야 한다. 그럼 이제 이를 직장생활에 적용해보자.

내가 처음 쿠팡에서 HR 업무를 맡았을 때, HR에 관련한 경험도, 지식도 없었다. 그래서 나는 필요한 사람을 최대한 많이 만나 대화하고 간접경험의 양을 늘려야 했다. 섣불리 무엇을 해야 한다고 판단하기보다 책을 읽고 원론을 공부하며 HR의 방법론에 귀납적으로 접근하려는 시도에 가까웠다. 내가 당시 맡은 업무는 여러 부서의 리더를 물색하는 일이었다. 핀테크 영역의 사업 리더와 개발 리더, 법무를 책임질 리더, 식품 안전을 책임질 리더, 드라이아이스 생산을 책임질 리더, 중국 공장에서의 제품 생산을 관리할 리더, 데이터 분석을 통한 사업 방향성 도출을 책임질 리더 등이 필요했다. 이런 상황에 내가 적용한 린 스타트업의 모형은 다음과 같았다.

첫째, 만들기 과정에서 채용 의뢰가 떨어졌을 때 우선 과제는 해당 포지션 리더에게 요구되는 핵심 역량을 두세 가지로 정리하고, 관련 분야의 주요한 기업을 꼽고, 각 기업의 특성과 핵심 역량을 정리하는 것이었다. 이를 바탕으로 채용을 의뢰한 최고위 임원들과 만나 내가 정리한 바와 그들의 기대가 일치하는지를 확인했다.

둘째, 측정 과정에서 채용 후보자와의 대화를 통해 그들의 역량이 회사의 필요와 얼마나 호응하는지를 파악했다. 이를 통해 나는 업계가 리더들에게 원하는, 한끗이 다른 역량에 대한 데이터를 개인적으로 쌓아나갔다. 더불어 이런 인재가 어떤 경로를 통해 만들어지는지도 알게 되었다.

셋째, 학습 과정에서는 만들기와 측정 과정을 통해 도출한 데이터를 학습하고 업무에 대한 나만의 원칙을 세웠다.

마지막 피드백 과정에서는 영입에 성공한 인사들이 실제

일하는 모습을 확인하고 그들의 퍼포먼스와 나의 가정이 일치하는지 확인했다. 만약 내 가정과 일치하지 않는다면 어떤 지점을 잘못 가정했는지 정리했다. 그리고 이것을 다음 업무에 적용했다.

실제로 내가 영입에 성공한 인사 중에 입사 두세 달 만에 퇴사한 이가 2명 있었다. 그들 모두 임원 또는 임원급의 중책을 맡아 회사에 합류했기에 내게도 충격적인 일이었다. 이들은 모두 업무 문화의 차이를 퇴사 사유로 밝혔다. 그 후로 나는 채용 과정에서 채용 후보자가 지향하는 업무 문화까지를 고려하게 되었다. 물론 그 이후에는 유사한 상황이 다시 발생하지 않았다.

나는 이런 반복적인 과정을 통해 채용의 속도와 성공확률을 높였다. 또 개인적으로 채용에 대한 이해도 깊어졌다. 처음에 해당 분야에는 문외한이었지만, 성실한 학습 과정을 통해 조직에서도 인정하는 또 다른 전문성을 얻게 되었다. 당신은 당신이라는 스타트업의 경영자다. 당신에게는 이제 전문성 이상의 역량이 필요하다. 린 스타트업을 통해 인생의 창업자로서 삶을 꾸려 나가고 새로운 일을 대하는 방법을 배워야 한다.

04

당신이 그때 그 일을
하지 못한 이유

성장에 가장 큰 역할을 하는 수단은 언제나 도전이다. 도전은 당신이 새로운 방법을 시도하게 만들고 역량 확장을 돕는다. 한번 자신이 사양 산업에 종사한다고 가정해보자. 이런 사실을 단순히 아는 것과 다른 성장 산업군을 찾아 이직하는 일은 엄연히 다르다. 새로운 기회를 잡고 큰 성공을 거둘 수 있을 것 같아도 실제 회사를 나와 창업하는 것도 완전히 다른 차원이다.

　변화가 어렵고 두려운 근원적 이유는 무엇인가? 이직이나 창업은 왜 그리 어려울까? 불편하고 낯선 환경을 피해 안정을 유지하려는 것은 어쩌면 태초부터 이어진 인간의 자연스러운 본성일지도 모르겠다. 그러나 잘 생각해보자. 기업, 직장, 일, 노동이라는 개념은 어느 것 하나 자연스럽지 않다. 사회의 필요로 만들어진 인위적 개념일 뿐이다. 직장은 애초에 인간의 본성을 거슬러 운영되는 곳이다.

내가 첫 직장인 SK를 다닐 때 회사는 미국 실리콘밸리 스타트업 한 곳을 인수했다. 인수 관련 업무로 나는 사장님과 단둘이 미국 출장길에 올랐다. 그때 사장님은 내게 인수한 회사에서 일할 생각이 있는지를 물어왔다. 나는 해외 커머스 사업에 매진하는 사장님을 지원하는 데 모든 에너지와 진심을 쏟고 있었다. 파견이라는 옵션은 전혀 고려해본 적이 없었다. 나는 하는 일을 잘 수행해야 회사에 충심을 보이고 진정성을 드러낼 수 있다고 생각했다. 이는 어느 정도 사실이었다. 그러나 내가 시대의 변화를 인지하지 못하고 있었다는 사실을 추후 알게 되었다. 나는 세계 첨단산업을 주도할 실리콘밸리에서 일할 기회가 코앞까지 다가왔다는 것을 몰랐다. 그것이 내 성장에서 무엇을 의미하는지도 이해하지 못했다. 그러니 결과적으로 기회를 잡지 못한 것이다.

기회는 그렇게 번쩍 사라지고 말았다. 그때 미국에서 일하게 됐더라도 그것이 성장이나 성공을 보장하지 않았을 수 있다. 그러나 이와 별개로 내가 변화를 읽지 못했다는 사실에 대해서는 분명히 짚고 넘어가야만 한다. 나는 몰라서 두려웠고, 두려웠기 때문에 도전하지 못했다. 두려움은 무지로 인해 발생한다. 조금 더 자세히 말하자면, 변화의 흐름을 모르면 그에 대응할 방법도 찾을 수 없고 그런 막연함이 두려움을 발생시킨다.

반면 도전의 성공 여부에 대한 불확실성은 이것과 다르다. 실패에 대한 두려움은 지금의 일이 만족스럽고 당신의 성장에 기여하는 경우에 커진다. 그만큼 실패로 잃을 것이 많기 때문이다. 하지만 일이 영원히 만족스럽거나 당신의 성장에 기여하는 경우는 없다. 세상은 끊임없이 변한다. 불확실성은 어떤 일에나 존재하기 때문에 특정 도전만 불확실해 보이는 것은 착시다. 그러니 두려움을 넘어서기 위해 당신이 집중해야 할 것은 앎이다. 그렇다면 일과 일을 둘러싼 세상을 속속들이 파악하는 방법은 무엇일까?

뉴스레터

투자 소식을 담은 뉴스레터에는 돈이 흐르는 방향이 적혀 있다. 돈의 흐름만큼 분명하게 세상의 변화를 보여주는 지표는 없다. 가급적 미국에서 발행되는 뉴스레터를 보기를 추천한다. 미국에서 시작되는 변화에는 한국에까지 영향을 미치는 파급력이 있다. 다행히 이런 일이 일어나기까지는 다소 간의 시차가 있다. 이런 뉴스레터는 당신에게 변화에 대응할 시간과 기회를 준다.

책

2주에 한 번은 반드시 서점에서 경제경영과 인문, 역사 코너를 살펴라. 2022~2023년을 지나며 경제 코너는 코인에서 메타버스로, 챗GPT에서 인플레이션과 불황에 관한 주제로 중심을 옮겼다. 그리고 데이터와 생성형 AI 관련 서적이 2024년 상반기 서점가를 뒤덮고 있다. 먼 미래의 트렌드를 읽어내지는 못하더라도 눈앞에 닥친 트렌드의 실체를 파악할 수 있다. 만약 여러 작가가 한 주제를 다뤘다면 꼭 두 작가의 작품 이상을 읽어볼 것을 추천한다. 다양한 관점을 접하는 게 한 주제에 대한 나만의 생각을 구축하는 데 도움을 줄 것이다.

인문, 역사 코너도 시야를 확장한다. 2023년 초반에 역사 코너를 뒤덮은 책은 러시아-우크라이나 전쟁 관련 책들이었다. 그러나 점차 이스라엘-팔레스타인 전쟁, 유대인과 이슬람 관련 역사서들로 도배됐다. 서점은 세상의 변화를 간접적으로 보여줄 뿐 아니라 이를 더 깊이 있게 이해하도록 돕는 보물창고다.

최고 의사결정자

회사 내에서는 최고 의사결정자가 가장 많은 시간을 투입하는 일이 무엇인지 파악하라. 만약 당신의 대표가 계속 일본으로 출장을 가는가? 그렇다면 언젠가 일본으로 사업을 확장할 가능성이 크다. 이에 관련된 역량을 갖추고 있다면 과감하게 당신의 쓰임을 제안하고 업무에 뛰어들어볼 수도 있을 것이다.

업계 리더

회사 내부만 주시해서는 안 된다. 항상 산업의 흐름을 파악해야 한다. 업계 리더들의 활동을 반드시 눈여겨보자. 잘 정리된 주간지, 또는 월간지를 읽는 것도 효율적인 방법이다. 2023년 가을에 현대카드 정태영 부회장이 미국에 출장을 가서 대체 무엇을 하고 왔을까? 배달의민족 김봉진 의장은 대체 왜 그란데클럽이라는 회사를 창업했을까? 이로 인해 브랜딩과 디자인 업계에는 어떤 변화가 생길까? 이런 질문을 던지는 기사들을 읽다 보면 당신의 성장과 다음 단계로의 도약에 분명 도움이 될 것이다.

외부 회의

콘퍼런스나 심포지엄에 참여하라. 공개적이든 비공개적이든 여러 회사의 사람들이 모여 다양한 주제를 토론하고 공유하는 회의들은 그 시점에 가장 중요하고 관심도 높은 주제를 다룬다. 이는 산업 트렌드를 반영할 수밖에 없으니 분명 당신만의 감을 잡는 데 도움이 되는 소스를 던져줄 것이다. 지속적인 참여를 통해 변화를 읽고 시각을 키워나가라.

네트워킹

느슨한 네트워크를 반드시 넓혀라. 목표는 명확하다. 각 업계를 대표하는 기업마다 한 명씩은 아는 사람을 만들어라. 업계 1위 기업이 아니어도 좋다. 그 기업에서 가장 잘나가는 사람이 아니어도 좋다. 언제든 연락하면 회사 돌아가는 소식, 일 이야기를 편하게 들려줄 수 있는 사람이라면 충분하다. 느슨한 네트워크에 정보라는 실이 빠르게 뭉쳐 단단한 실타래가 되는 경험을 하게 될 것이다.

변화의 필요성을 느끼면서도 '나는 여기까지밖에 할 수 없어.'라고 내면이 속삭인다면 측은히 여기고 보듬자. 그리고 그 자아를 넘어서자. 당신은 지금 여기 이상을 향해야 한다.

05

크게 따내는
2가지 방법

변화를 추구하는 근본적인 이유는 '좋은 삶'이다. 여기서 내가
생각하는 좋은 삶은 지속적으로 자신과 사회에 대한 사고력,
통찰력을 높이고 이를 바탕으로 자유의지를 실현하며 사는
삶을 말한다. 당신에게도 이런 삶이 매우 중요하다는 전제가
타당하다면, 변화를 추구하는 일의 중요성 또한 그만큼이나
클 수밖에 없다. 그렇다면 이를 위해서는 무엇을 변화시켜야
할까? 먼저 빠르게 바뀌는 것들에 주목해보아야 한다. 변화가
필요한 일에서 변화가 나타나기 마련이다. 변화는 어느 시점

에 우리 생활에도 영향을 미친다. 당신은 타인의 변화를 관찰하면서 내게 요구되는 변화가 무엇인지도 읽어낼 수 있다. 변화를 인지했다면 변화가 왜 나타났고 왜 그런 양상으로 진행되는지 파악해야 한다. 다음과 같은 WHY 변인 추적법을 사용해볼 수도 있다.

다니는 회사에서 비용 통제가 강해졌다고 해보자. 당신은 3번의 'WHY'를 생각해봐야 한다. 첫 번째 WHY, 왜 비용을 통제할까? 회사가 정말 자금을 아껴야 해서 그럴 수도, 조직을 재정비하려는 걸 수도 있다. 그런데 만약 전자라면, 두 번째 WHY, 회사는 왜 자금을 아끼려는 걸까? 운영 자금이 부족해서일 수도, 새로운 사업에 대한 투자를 확대하려는 요량일 수도 있겠다. 투자자에게 회사의 수익률이 성공적으로 관리되고 있음을 보여주려는 것일 수도 있다. 세 번째 WHY, 이를 통해 회사가 얻고자 하는 것은 무엇일까? 지금 회사에는 존폐를 논해야 하는 위기가 닥쳤을 수도, 새로운 사업이나 투자를 유치해야 하는 상황이 발생했을 수도 있다. 당신은 이 세 번의 WHY를 통해 회사를 둘러싼 변화의 근원을 탐색하여 앞으로의 행보에 가이드를 만들어볼 수 있다. 그리고 이 변화가 나에게는 어떤 영향을 미칠지 골몰해보면 비로소 무엇을 준비해야 할지 알 수 있다.

글로벌 경제위기가 발생했던 2008년 이후로 새롭게 태동하고 급성장한 산업 주체가 있다. 그 이름은 스타트업이고, 주무대는 미국의 실리콘밸리였다. 2008년에는 에어비앤비가 설립되었고, 2009년에는 <비트코인의 백서>가 공개되었으며, 2010년에는 인스타그램과 우버가 설립되었다. 이후 IT 시장은 빠르게 모바일 중심으로 세계화됐다. 모바일 중심 IT산업의 성장세는 규모 면에서도 비할 데가 없다. 이는 공급자의 공급 비용과 소비자의 서비스 접근 비용이 급격히 낮아졌기에 가능했다. 이는 인류의 삶을 뒤바꿨다.

나는 이런 흐름을 2012년에 처음 강렬하게 체감했다. 당시 스페인 바르셀로나에서 개최되는 모바일 월드 콩그레스 모바일 서비스 부문별 시상식에 참여했다. SK의 모바일 지갑 서비스를 선보일 예정이었다. 그런데 나는 구글월렛 담당자와의 만남에서 이미 모두가 하나의 시장을 두고 경쟁하기 시작했다는 점을 알게 되었다. 누구든 새로운 하나의 시장에 뛰어들지 않을 수 없게 됐고, 하나된 시장의 중심에는 애플과 구글이 전 세계에 제공하는 극소수의 운영체제가 있었다. 이들이 제공하는 소비자 경험은 매우 정교하게 인간의 인지와 심리를 파고들었다. 전 세계 모든 사람들은 같은 시스템을 기반으로 하는 서비스를 이용하기 시작했다. 판을 극소수의 기업이 주도하게 되었다. 기술 격차를 극복하기는 점점 더 어려워졌다. 검색에는 구글이, SNS에는 페이스북과 인스타그램이, 쇼핑에는 아마존이, 음악에는 스포티파이가, 숙박 공유 서비스에는 에어비앤비가 있다.

어떤 차고지에서 탄생할지 모르는 무수히 많은 잠재적 경쟁자들을 견제하는 동시에 거대한 시장에서 입지를 키워야 하는 시대가 왔다. 그런데 모든 경쟁자를 탐색하고 이에 대응하는 일은 불가능하다. 사실상 가능하지 않을뿐더러 필요하지도 않다. 재밌는 점은 이런 한계를 단번에 극복할 수 있는 전략이 있다. 바로 선점先占이다. 먼저 시장에 올라서는 자가 시장을 차지할 수 있다. 선점하는 자는 무수히 많은 잠재적 경쟁자들을 단번에 쳐낸다. 하지만 선점이 능사는 아니다. 또 다른 전략이 이를 뒤흔들기 때문이다. 바로 혁신이다. 혁신은 기존 산업을 선점한 기업과 서비스를 철저히 파괴하고 규칙을 재정의하며 새로운 선점을 만들어낸다. 이처럼 선점과 혁신이 변화에 대응하는 핵심 전략이라는 점을 이해하면 그다음 생각과 행동은 명확해진다.

선점이나 혁신을 위한 일에 뛰어드는 것이다. 그게 아니라면 이를 수행하는 기업에 들어가서 일하면 된다. 그중 회사와 함께 일하는 경우로 좁혀보자. 산업을 선점하고자 하는 기업은 주로 압도적 자원과 빠른 속도로 움직인다. 산업을 혁신하고자 하는 기업은 상대적으로 규모가 작지만 새로운 사업 모델을 가지고 있다.

SK는 국내 시장이 아닌 해외 시장에서 답을 찾고자 했다. 나에게는 매우 좋은 일터이자 놀이터였다. SK는 일본에 진출한 데 이어 11번가를 중심으로 튀르키예와 동남아시아에도 진출했다. 미국에 사무실을 세우고 실리콘밸리의 스타트업도 인수했다. 모두 인터넷과 모바일이 열어준 글로벌 시장을 선점하고자 뚜렷한 목적성과 압도적인 자원을 가지고 실행됐다. 나의 첫 회사에는 배움과 성장의 기회가 가득했다. 열정에 불을 지필 수 있는 동력도 풍부했다. 그래서 내가 그곳에서 한 선택에는 그리 큰 어려움이나 고민의 여지가 없었다. 있는 곳에서 더 재밌게, 더 잘하면 됐다.

그러나 더이상 기존의 방식을 고수할 수 없게 되었다. 시장 선점에 대한 회사의 계획이 바뀌었기 때문이다. 즉시 나는 이것을 내 업무 기반의 변화로 인식했다. 나는 회사에 몸담은 사람이었고, 회사의 변화는 어떤 식으로든 나에게 영향을 미칠 수밖에 없었다. 회사는 해외 사업 축소를 결정했다. 이미 운영 중인 해외 사업은 지속과 종료를 가늠해보기로 했다. 나는 나 자신에게 질문을 던져보았다.

- 회사는 왜 동남아와 미국 등지의 해외 사업을 축소하기로 했을까?

투자 규모가 지속해서 증가하고 이를 통해 성과를 만드는 기간이

그에 따라 늘어나기 때문이다.

- 시장 선점이 가능할까?

가능성이 없지는 않겠지만 변수가 많고 난이도도 급격히 어려워

지고 있다. 사업이 지연되는 사이 투자 여력이 있는 경쟁자들이 시

장에 진입했기 때문이다.

- 무한 경쟁 양상으로 갈 가능성이 있는가?

객관적으로 그렇다.

- 회사의 판단은 장기적으로 합리적인가?

투자 효율과 리스크관리 측면에서 그렇다.

- 나는 선점, 혁신에 가치를 두는 일을 해외에서 하고 싶은가?

매우 그렇다.

그렇다면 나는 선점이나 혁신 계획을 추진하는 회사에서

일해야 했다. 그래서 나는 영국의 핀테크 스타트업 월드퍼스

트**WorldFirst**로 이직했다. 이 기업은 해외 사업을 도모하는 기업들의 계좌를 국외에 개설하고 자금을 수취할 수 있게 돕는 서비스로 금융 사업의 혁신에 기여하고 있었다. 시장의 반응, 회사의 성장세도 긍정적이었다. 나는 월드퍼스트가 시장을 혁신한다는 점, 서비스가 글로벌 시장 차원에서 호응을 얻어내고 있다는 점에서 이직하기에 적합하다고 판단했다. 또 이 기업이 일반인 개개인의 금융 생활을 혁신할 수 있으리라는 확신이 있었다. 기업이 소재한 국가나 회사의 이름표는 더이상 고려 대상이 아니다. 목적이 불분명한 채로 이름값을 우선으로 회사를 선택했다고 한들, 정작 그곳에서 무엇을 어떻게 얻어야 할지 알지 못하면 이를 통해 변화에 대응하는 힘을 키우기는 쉽지 않다.

나와 달리 누군가는 변화의 필요성을 느끼고 바로 창업해서 원하는 바를 이뤄내고자 했다. 또 다른 누군가는 다니는 회사 내에서 변화에 대응하고 원하는 결과를 만들어냈다. 이 두 다른 행동 양식에서 공통으로 강조하는 것은 멈추고 고여 있으면 안 된다는 사실이다. 자본주의 사회에서 실력이란 곧 이전의 방식으로는 해결할 수 없는 새로운 문제에 끊임없이 대응하는 능력이다. 그러니 변화에 대한 자신만의 관점을 가지고 변화를 읽어내고 그것이 나에게 마칠 영향을 고민하고 결국 변화에 대응할 자기만의 방법을 찾아 실행해야 한다. 이것이 바로 각자만의 구체적인 실력을 만들어내는 방법이다.

06

'문제'는 어디에나 있는
성장의 기회다

SK에서 사회 초년생 시절 나는 무엇이든 열심히 하면 가치가 생긴다고 생각했다. 똑같이 열심히 한 일인데 왜 어떤 일은 큰 가치를 만들고 어떤 일은 남는 게 없는지를 이해하기 어려웠다. 그러다 가치를 만드는 일에 대해 고민을 시작하게 되었다.

하루는 한 선배가 나를 불러 업무를 지시했다. 지금 생각해보면 모두 절대적으로 시간이 오래 걸리는 단순 작업이었다. 어쨌든 당시 나는 신입이었고 일의 경중에 대한 일말의 의심도 없이 새벽녘까지 철야로 일을 마무리했다. 그런데 내 고

생에 아무도 관심이 없었다. 심지어 일을 맡긴 선배조차 일의 결과에 대해 묻지 않았다. 내가 결과를 공유할 때는 그저 "수고했다." 한마디할 뿐이었다. 일을 준 선배들은 모두 평소 도움과 조언을 아끼지 않는 좋은 사람들이었다. 허탈했다. 나는 대체 이 일을 왜 한 것일까? 어떤 일은 인류를 이롭게 한다. 그런데 어떤 일은 그 일을 한 주체조차도 결과에 대한 기대를 잃게 만든다. 왜 그럴까? 무엇이 그 차이를 만들까?

나의 모든 고민을 한 방에 해결해준 하나의 단어는 '문제' 였다. 잘 생각해보니 회사에서 하는 모든 일은 문제 상황을 해결하거나 개선하는 일이었다. 문제를 해결했을 때 발생하는 가치의 규모는 문제의 규모와 비례한다.

문제를 해결하기 위해 가장 먼저 할 일은 문제를 제대로 인식하는 것이다. 예를 들어보자. 서로 다른 상사 두 명이 당신에게 업무를 주었다. 한 상사는 전무의 요청으로 경쟁사 A의 동향을 분석해 달라고 요청했고, 또 다른 상사는 상무의 요청으로 내년도 상반기 회사의 고객 확대 전략을 수립해 달라고 요청했다. 두 경우 모두 회사의 성장을 위한 수단을 요청한 것이니, 결국 '어떻게 성장할 것인가?'라는 문제를 상정하고 있다.

그런데 만약 두 요청이 내포하는 문제가 이것이 아니라면 어떨까? 가령 첫 번째 상사가 요청한 경쟁사 A의 동향 분석은 단순히 전무의 질문 한마디에서 시작된 일일 수도 있다. 예를 들면 당신의 상사가 전무와 담소를 나누던 중에 전무가 "요새 A사는 어떻습니까?"라고 큰 의미 없이 던진 한마디에서 촉발될 업무일 수도 있다는 것이다. 이 경우 당신이 며칠에 걸쳐 한 동향 조사 활동이 만들어내는 가치는 전무의 궁금증 해소, 또는 전무에게 자신을 증명하고 싶은 상사의 필요 충족이 전부다. 이 가치의 영향력은 극히 제한적이다. 이와 달리 '내년도 상반기 회사의 고객 확대 전략 수립'은 계획이 잘 수립된다면 실행으로 이어질 수 있는 업무다. 그리고 그 효과는 회사의 성장에 기여할 가능성이 크다.

그러니 업무상 문제를 인식할 때는 다음의 사항을 따져봐야 한다.

1. 문제의 규모를 파악하라. 더 많은 사람이 공유하고 있는 문제, 해결했을 때 더 많은 사람에게 영향을 줄 수 있는 문제에 역량과 노력을 집중해야 한다.

2. 만약 불가피 영향력이 미미한 문제를 떠안게 됐더라도 그 문제를 통해 무엇을 어떻게 해결하거나 개선하고자 하는지 누구한

테나 설명할 수 있을 정도로 명확히 알아야 한다.

3. 내가 문제 인식의 주체가 되어야 한다. 그렇지 않으면 업무를 지시하는 사람이 규정한 당신의 역할 이상을 하기가 어려워진다.

29CM에 입사한 후 나는 홈&리빙이라는 크고 복잡한 시장을 마주하게 됐다. 우리가 집에서 공간을 채우고 꾸미기 위해 고려하는 모든 것들을 다루는 시장이다. 여기 속한 상품들은 일상에 밀접하며 범주가 넓고 다양하다는 특징이 있다. 침대와 소파, 접시와 포크, 심지어 파자마와 쿠션도 이 시장 제품군에 속한다. 그런데 침대를 찾는 고객의 필요와 포크를 찾는 고객의 필요는 다르다. 가성비 상품을 찾는 고객과 럭셔리 상품을 찾는 고객의 필요도 다르다. 이를 취급하는 각 기업의 특성과 형태도 서로 다르다. 서로 다른 것들이 홈&리빙이라는 거대한 분야에 묶여 전개되다 보니 사업자의 관점과 기준에 따라 사업의 형태가 크게 달라진다. 29CM의 홈&리빙 사업을 담당하는 내가 가장 먼저 풀어야 할 문제는 사업이 대응해야 할 시장을 규정하는 일이었다.

우리는 홈&리빙 제품을 소비하는 소비자들을, 취향을 가진 소비자와 취향을 가지지 못한 소비자로 나누었다. 사실 이미 취향을 가진 소비자들은 소비하는 브랜드가 뚜렷하여 소비 패턴이 일관된다. 하지만 취향을 가지지 못한 소비자들은 자신이 원하는 가격, 품질, 스타일, 트렌드가 무엇인지 모른다. 그 와중에 나를 표현할 라이프스타일에 대한 필요는 나날이 증가한다. "취향은 계급을 나타내는 표지"라는 프랑스 철학자 피에르 부르디외의 말처럼 취향을 형성하는 데도 문화적 토양과 긴 수련의 시간이 필요하다. 그런데 정말 그런가? 이미 검증된 취향이나 라이프스타일을 그냥 따라 하기만 하면 되도록 잘 정리해서 큐레이팅한다면? 당시 취향을 갖추지 못한 소비자들에게 취향 혹은 소비 패턴을 제안하는 서비스는 거의 없었다.

물론 우리가 취향을 찾지 못한 고객만을 타깃팅하지는 않았다. 다만 두 경우의 판매 전략을 다르게 수립했다. 특히 취향을 갖추지 못한 고객들은 패션과 뷰티 제품군을 둘러보다가도 홈&리빙으로 유입될 수 있도록 고객 경험을 설계했다. 소비자 각각의 조건에 따라 최대한 만족도를 높일 수 있는 라이프스타일 조합을 추천했다. 매력적인 프로모션을 위해 큐레이션, 기획전 등을 적극적으로 활용했다. 이와 같은 방식으로 문제를 인식하고, 그 영향력을 가늠하고, 문제를 해결할 방법을 고민하고 실행하는 과정을 반복하면서 학습 기회를 확장하고 성장을 도모할 수 있게 됐다.

　우리는 실력 있는 인간이 되기 위해서 항상 문제를 탐색해야 한다. 그렇다면 좋은 문제를 찾아내는 방법이 있을까? 이를 위해 내가 제안하는 방법은 '3개의 1'에 주목하는 것이다.

1번의 목소리

1번보다 많이 반복된 고객의 목소리에 주목하자. 고객이 실질적으로 인식하는 문제를 풀수록 영향력과 지속력은 높아질 것이다. 이를 위해 고객의 목소리를 들을 수 있는 채널을 따로 확보해두는 것이 좋다. 요즘은 이런 데이터를 얻을 창구가 다양해졌고, 시스템 구축 비용도 낮아졌다. 고객은 당신이 자신들이 가진 문제에 더 많이 귀 기울일수록 당신의 제품에 더 큰 충성도를 보일 것이다. 그리고 이런 문제를 많이, 특히 먼저 풀수록 당신에 대한 수요는 증가할 것이다.

1단계 서비스

고객 경험이 1단계에서 마무리될 수 있도록 서비스를 간소화하자. 주로 이 간소화 과정 자체가 시장에서는 혁신으로 인식된다. 금융결제가 간소화된 원터치 결제 시스템이나 중간 유통 과정을 제외한 네이버 스마트스토어 같은 서비스가 대표적이다. 브랜드 기업들은 언젠가부터 D2C(Direct to Consumer) 전략을 강화하고 있다. 한 번 더 빠르고 간단한 서비스를 체험한 고객은 쉽게 그전으로 돌아가지 못하기 때문이다.

1원의 비용

1원 이상의 비용이 발생하는 모든 문제에 주목하자. 이윤이 근본적인 목적인 비즈니스에서 비용 절감은 영원한 과제지만 이는 소비자들에게도 마찬가지다. 정보 제공료를 무료로 만든 구글은 방문자의 데이터를 광고 유인책으로 활용해 엄청난 이윤을 만든다. 소셜 네트워크 서비스 또한 이와 마찬가지다. 해외 송금 수수료를 평생 무료로 하겠다고 선언한 토스도 이를 통해 시장 지배력을 강화하려는 중이다. 공급자 측에 발생하는 비용과 소비자 측에 발생하는 비용 모두에 주목하자.

좋은 질문에는 좋은 답이 나온다. 좋은 문제를 찾아 해결하면 당신이 창출한 가치도 좋은 평가를 받을 것이다. 이는 어떤 비즈니스에서든, 심지어 비즈니스 이외의 영역에서도 마찬가지다. 자신을 둘러싼 3개의 1을 주시하고 문제를 선점해보자.

07

불가능한 것도 가능하게 만드는 해결사들의 메커니즘

학습을 통해 실력을 키울 수 있다. 학습의 기회는 문제를 해결하는 과정 곳곳에서 발견된다. 우리는 그 과정에서 무언가를 깨닫고 변화한다. 이 깨달음은 지혜가 된다. 이때 지혜는 적재적소에 빠른 행동을 가능하게 하는 수준 높은 판단력과 같은 말이다. 하지만 항상 문제가 되는 것은 실행력이다. 마치 정치에 대해 논하는 시민들처럼 직장인들도 회사의 비전과 전략에 대해 논한다. 때론 날카롭게 문제를 상정하고 그에 대한 해결책을 내놓기도 한다. 하지만 어지간해서는 해결을 위한 행동에 나서지 않는다. 실행하지 않으면 아무것도 바뀌지 않는다. 10억 원짜리 사업을 구상했더라도 이를 실행하지 않으면 10원도 창출하지 못한다.

어떻게 실행할 수 있을까? 더 나아가 어떻게 해야 실행을 잘할 수 있을까? 먼저 실행은 빨라야 한다. 빠르게 실행해야 더 빠르게 실패하거나 성공할 수 있고 그로부터 학습을 누적할 수 있다. 실행하는 행위 자체가 학습의 기회를 만들고 성장을 이끈다. 이때 실행에 일관된 메커니즘이 있다면 추진력이 붙는다. 앞서 설명한 린 스타트업 방법론은 여기에서도 도움이 된다. 만들기-측정-학습-피드백 순서로 실행을 거듭해보자. 작게 행하고, 결과를 파악하고, 여기서 깨달음을 얻어, 다음 행동에 반영하는 순환 구조를 짧게 반복하는 것이다.

예를 들어보자. 29CM의 패션 조직에는 여러 명의 MD가 다양한 패션 브랜드를 발굴하고 플랫폼에 입점시키는 역할을 한다. 어떤 브랜드가 유망한지 파악하는 자질은 당연히 필수다. 하지만 모든 브랜드의 성패를 예측할 수는 없다는 근본적 한계가 있다. 이들은 이를 빠른 실행으로 극복한다. 일단 브랜드에 대한 리서치가 끝나면 판단의 타당성을 따져보기보다 그 브랜드를 여러 형태로 고객들에게 제안(만들기)하며 고객 데이터를 쌓는다(측정). 브랜드 인식이 긍정적이라면 그것이 브랜드의 어떤 요소에서 기인하는지 파악한다(학습). 그리고 이를 상품 판매나 브랜드 발굴에 참고하여 다음 실행의 성공확률을 높인다(피드백). 만약 브랜드에 대한 반응이 부정적이라면 그 이유를 파악하고 개선점을 찾아 조치한다. 이 과정을 빨리 실행할수록 특정 고객이 특정 상황, 특정 브랜드에 반응하는 방식을 빠르게 패턴화할 수 있다. 이것이 바로 통찰이다. 실력 있는 MD들은 이런 통찰에 능하다. 그리고 보통 남들이 10개 브랜드를 가지고 위의 과정을 실행할 시간에 이들은 100개 브랜드를 가지고 실행한다.

29CM 패션 조직의 수장인 임세현 님은 그런 사람이다. 지금껏 그가 협력한 브랜드가 수천 개를 넘어선다. 그는 항상 트렌드를 예측하고 떠오를 브랜드를 꼽아낸다. 그리고 그런 브랜드의 제품 중 무엇을 29CM 고객에게 제안하면 큰 판매 효과를 거둘 수 있는지 안다. 이 통찰력이 조직을 이끄는 데 도움이 되는 것은 말할 것도 없고, 그의 지속적인 성장에도 큰 도움을 주고 있다. 그런데 그는 지금도 여전히 시간을 내서 패션 편집숍을 찾아다닌다. 새로운 브랜드와 수시로 미팅하며 협력을 도모한다. MD들이 플랫폼에 입점시키고 출시하는 상품 하나하나에 대한 고객의 반응을 면밀하게 들여다본다. 실행을 멈추지 않고 린 스타트업의 순환을 만들어낸다.

실행의 속도를 확보해야 한다는 사실을 염두에 뒀다면 다음으로 해야 할 일은 실행의 세부를 구축하는 것이다. 일단 실행의 목적이 확실해야 한다. 기한을 정하고 일을 수행할 사람의 세부 역할과 그들의 기대 성과를 설정해야 한다. 나아가 실행을 단계별로 나누어 각 단계에서 얻고자 하는 바를 정하고 한 단계가 완수되었을 때 다음 단계로 나아가기 위해 추가할 부분을 생각해야 한다. 어떤 때 실행을 중단할지도 정해야 한다. 매몰비용을 따지기보다 기회비용을 따져 더 잘 될 일로 옮겨갈 여지를 마련해야 한다. 종국에는 결과가 목적한 바에 어떤 도움이 되었는지를 평가해야 한다. 여기서 중요한 점은 이 평가는 성과뿐 아니라 학습 효과까지도 따져보아야 한다는 점이다. 이를 정리하고 패션 산업에 그대로 적용해보자.

좋은 실행에 필요한 요소

1. 실행 목표, 기한 설정

2. 참여자 역할 설정

3. 실행 단계 세분화

4. 단계별 필요 업무 세분화

5. 실행 중단 조건 정립

6. 사업 지표, 성과, 학습 효과 평가

패션 산업에 실적용

1. 올해 남은 3개월 동안 100개의 브랜드를 추가로 입점시키고 연내에 290억 원을 판매한다.

2. 이를 5명의 MD가 브랜드 20개씩을 담당한다.

3. 우선 한 달 동안 전체 목표 중 절반인 50개 브랜드를 영입하고, 각 브랜드가 첫 달부터 월 1억 원 매출을 만든다.

   (50개x월 1억 원x3개월 = 연내 150억 원)

4. 2개월 차에는 40개의 브랜드를 입점시키고 각 브랜드가 월 5,000만 원 매출을 발생시키기를 기대한다.

   (40개x월 5,000만 원x2개월 = 연내 40억 원)

5. 마지막 3개월 차에는 10개의 브랜드를 입점시키고 각 브랜드가 월 10억 원 매출을 만든다.

   (10개x월 10억 원x1개월 = 연내 100억 원)

6. 기대 매출을 달성하지 못하는 브랜드는 상품 출시 계획을 확인한 후 내년 판매 전략을 재고한다.

7. 위 목표가 어느 정도 달성되면 다음 해에는 조직 규모와 플랫폼에 대한 투자를 압도적인 수준으로 높인다.

위와 같이 정해두면 담당 MD들은 틀 안에서 무엇을 어떻게 실행해야 할지 나름의 계획을 수립할 수 있게 된다. 직원들의 실행 경험과 학습을 촉진할 수도 있다. 직원들은 월 1억 원 매출을 올릴 수 있는 브랜드를 취급할 때와 월 10억 원 매출을 올릴 수 있는 브랜드를 취급할 때 무엇을 같이 또는 달리해야 할지 알게 될 것이다. 내가 제안한 틀은 어느 영역에나 적용할 수 있다. 심지어 일상에도 이를 통해 개선할 수 있는 것이 무궁무진하다. 라면 한 그릇을 끓일 때도 조리법의 미묘한 차이에 따라 맛이 달라지는 것을 경험할 수 있다. 그러다 개인적인 조리 데이터가 쌓이면 내게 맞는 최적의 라면을 끓일 수 있게 된다.

기억하라. 관건은 항상 실행 속도와 실행 단계의 세분화다.

CHAPTER 2

성장의 필로소피

자기객관화 습관으로 한계를 뛰어넘어라

08

성장을
모방하라

이 책을 읽는 독자들은 누구보다도 성장에 관심이 많을 것이다. 일을 잘해서 돈도 더 많이 벌고 시간을 자유롭게 사용하고 싶을 것이다. 나는 이러한 열망을 가진 그 누구에게나 지금보다 더 나은 자신의 모습을 추구할 기회가 열려 있다고 믿는다. 그러나 행동할 방법을 모르면 안 된다. 성장은 생각과 실행이 통해야 이뤄진다.

만약 주변에 직장생활이나 사업으로 큰 성공을 이룬 사람이 있다면 그의 성장 전략을 그대로 모방해볼 수 있다. 물론 같은 방법을 실행한다고 해서 같은 결과를 만들어낼 수 있는 건 아니다. 하지만 실천해보면 반드시 무언가를 배우게 된다. 그 사람은 당신의 주변인일 수도 있고 책이나 미디어를 통해 알게 된 유명인일 수도 있다. 어느 쪽이든 상관없다. 당신이 그들로부터 참고해야 할 것은 그 사람이 만들어낸 결과가 아니라, 그 결과를 만들어내기까지 실천한 것들이다. 그중에서도 한 가지에만 집중해보자. 현실적으로 한 사람의 성공에 이바지한 모든 방법을 모방하는 것은 불가능할뿐더러 혼란을 가중할 수 있기 때문이다.

내가 SK에서 가장 크게 영향을 받은 이는 지금 딜로이트 컨설팅에 있는 김명구 님이다. 그는 어떤 일이 주어지면 그 문제가 얼마나 어렵든 먼저 할 수 있다고 대답했다. 그리고 일을 해낼 방법을 찾고, 필요한 지원과 시간을 요구하고, 그 뒤 즉시 실행에 몰입하여 결과를 만들어냈다. 그는 문제 해결에 필요한 지원을 상사와 회사에 분명하게 요구하고 이를 얻어내는 능력이 탁월했다. 나는 그가 회사에서 1조 원짜리 사업을 만들라고 하면 그렇게 하겠다고 답한 뒤, 필요한 비용으로 9,990억 원을 지원해달라고 요구할 수 있는 사람이라고 느꼈다. 그러면 여전히 10억 원을 벌 수 있지 않냐고 밀어붙일 수 있을 것이다. 그만큼 그의 추진력은 엄청났다. 물론 그와 함께 서비스를 만들며 영업, 제휴, 마케팅, UX 관련 업무를 두루 수행한 나의 역량도 확연하게 발전했다. 이후에도 그가 거친 조직에는 항상 '성장과 확장'이 있었다. 나는 김명구 님을 통해 되게 하는 방법을 찾는 일이 성장에 필수적이라는 사실을 깨닫게 되었다.

그런데 성장하는 방법은 개인이 처한 상황마다 달라서 모델을 잘 참고해야 한다. 당신이 문서를 작성하는 역량을 시급하게 개발해야 하는 상황에서 회장님들의 성공담은 도움이 안 될 것이다. 스티브 잡스의 아이폰 프레젠테이션이나 아마존의 텍스트 중심 업무효율화 시스템인 6-페이저**6-pager**가 떠오른다. 하지만 그 맥락과 배경의 깊이를 알지 못한 채, 특히 두 창업자의 남다른 철학과 승부사 기질을 알지 못한 채 방법을 그대로 참고해서는 문제 해결이 요원해질 수 있다. 이런 상황에서 당신의 성장에 필요한 사람은 문서와 보고서를 작성하며 논리 정연한 기획을 반복적으로 훈련하여 성과를 만들어낸 주변인이다.

다음으로 방법을 찾을 때 필요한 것은 무엇일까? 성장의 길을 찾아가기 위해 할 수 있는 것은 공부다. 성장을 위한 공부에는 공통점이 있다. 핵심이나 본질을 제외한 나머지는 실행을 통해 배울 수 있다는 점이다. 일의 성과뿐 아니라 학습을 위해서도 실행은 중요하다. 요리책을 읽었다면 요리해봐야 한다. 영상으로 기타 연주법을 배웠다면 연주해봐야 한다. 코딩을 배웠다면 코드를 짜봐야 한다. 4차산업혁명과 관련한 책을 여러 권 읽었다면 일에 어떤 식으로든 적용해봐야 한다. 일의 시행착오를 해결해나가는 과정에서 진짜 학습을 한다.

나는 이전에 유튜브 채널 성장에 관한 책을 수 권 읽은 뒤 채널을 열고 책을 리뷰하는 영상을 만들어 여러 차례 업로드 했다. 그러다 보니 당시 내가 잡은 콘셉트로 영상 하나를 만드는 데 얼마나 긴 시간과 노력이 들어가는지 알게 되었다. 더 쉽게 제작할 수 있는 형식으로 더 간결한 내용을 전달할 필요를 절감했다.

블록체인에 대해 공부하고 나서는 블록체인 기반의 온오프라인 현지 창업을 가능하게 하는 에스토니아 정부의 e-레지던시(전자거주권)을 발급받았다. 나는 에스토니아에 법인을 설립할 자격을 얻었다. 이는 EU 시장 진출이 용이해짐을 의미했다. 물론 법인 설립보다는 학습의 의도였기에 실제 법인 설립으로 이어지지는 않았다. 하지만 이를 계기로 언제든 유럽에서 무언가를 하고 싶을 때 가볍게 시도해볼 수 있게 되었다.

인문학을 공부하기 시작한 뒤로는 이를 나의 삶에 어떻게 적용해야 할지 고민하며 전작을 썼다. 출간해보니 책을 만드는 것과 알리는 것 모두 거저 되지 않았다. 제목이든 표지든 시장에 더 유효한 방법을 찾기 위해 여러 인력이 투여된다는 사실을 알게 되었다. 그리고 답을 찾아가는 과정에서 내 생각만이 정답이 아니라는 사실을 깨달았다.

성장은 거저 주어지지 않는다. 오직 제대로 된 방법을 꾸준히 실천할 때만 성장할 수 있다. 주변에 성장을 이어가는 사람이 있는가? 그의 평소 행실과 문제 상황에서의 대처법을 샅샅이 보고 배워라. 능력을 개발하고 싶은 분야가 있는가? 원론을 공부하고 이를 실행하며 당신만의 능력을 구체화하라. 결국 직장의 틀을 넘어야 주체적이고 독립적인 삶을 만들 수 있다. 그것이 반드시 일의 필로소피를 가져야 하는 이유다.

09

모두가 당신을
인정하게 만드는 태도

첫 직장생활을 시작하고 5년 동안 하나의 일에 진하고 깊게 매진할 수 있었던 건 내게 큰 행운이었다. 서당 개가 풍월을 읊는다는 3년보다 2년이나 더 오래 한 가지 일을 했다. 일의 시작 단계부터 비약적인 성장의 시기를 함께한 경험은 그 뒤로도 여러 면에서 나에게 도움이 됐다. 특히 스마트폰이 나오기도 전에 참여한 모바일 지갑 사업 경험은 이후로 구글월렛, 삼성페이, 애플페이 등 다양한 모바일 결제 서비스가 등장한 시대에 내가 역할을 하도록 만들어주었다. 당시 모바일 결제 영역에서 제품 기획과 제휴, 마케팅, 운영, 고객 관리를 모두 해본 사람은 시장에 그리 많지 않았다. 몇 안 되는 동료들과 수많은 일들을 동시에 해내야 하는 어려움에도 불구하고 즐겁게 일할 수 있었던 데는 산업을 주도적으로 개척하는 기쁨이 한몫했다.

하지만 이 모든 과정이 늘 순탄했던 것은 아니었다. 아직도 잊지 못하는 순간이 하나 있다. 모바일 지갑 사업을 잘 운영해가고 있던 어느 날, 회사는 내가 속한 인터넷 사업을 전담하는 조직을 따로 떼어 신규 법인을 만들겠다는 결정을 알려왔다. 기존 회사에 남을 사람과 분사될 회사로 이동할 사람을 업무를 기준으로 나누겠다고 했다. 당시 일에 재미를 느끼며 큰 성장을 경험하고 있던 나는 이에 별다른 생각이나 이견이 없었다. 하지만 이동 대상이 된 이들을 중심으로는 엄청난 반발이 일어났다. 반대의 목소리가 커졌고, 이동의 선택권과 더불어 일종의 처우 보장에 대한 요구도 거세졌다. 결국 회사는 분사될 직원들에게 일정한 기간 기존 회사와 동일 수준의 처우를 약속했다. 끝까지 이동에 동의하지 않는 이들에 대해서는 기존 회사 내의 다른 직무로 전환 배치하는 방안을 내놓았다.

당시 3년 차밖에 되지 않던 내게는 이 모든 상황이 예상하지 못한 잡음 혹은 신호였다. 기존 회사에 남는 것이 무조건 더 나은 선택이며 새로운 시도는 결국 성공하기 어렵다는 말들은 잡음이었다. 반면 어떤 일을 통해 어떤 삶을 살고 싶은지가 분명해야만 한다는 내면의 목소리는 신호였다. 어찌 됐든 상황은 벌어졌고 시간은 흘렀다. 누군가는 남았고 누군가는 이동했다. 남은 이들 중에는 일을 이어간 사람들이 있었고, 생소한 일에 새로 적응해야만 했던 이들도 있었다. 이동한 이들 대부분도 본래 하던 일을 이어갔다. 그 일이 잘되어 다른 기회를 찾아가는 이들도, 하던 일이 잘 안 되어 다른 길을 찾아야만 하는 이들도 생겨났다. 그 혼란 속에서 결국 도약을 이뤄낸 자들이 많은 쪽은 어디였을까?

당시 내가 아무런 고민 없이 이동을 택한 건 내가 하는 일의 가능성, 그리고 함께 일하는 사람들 덕분이었다. 통신망을 깔고 그 위에 더 나은 품질의 무선 네트워크 서비스를 제공하는 일보다는 상거래 시장을 혁신하고 결제와 모바일 마케팅의 세계를 만드는 일이 나에게는 더 큰 기회로 보였다. 일을 함께하는 선배들도 일을 통한 가치 창출과 개인의 성장이 동시에 가능하다는 것을 보여주었다. 그래서 나도 일과 자기계발 모두 두려움 없이 실현할 수 있었다.

분사된 회사를 선택한 결정 자체가 일 중심의 가치 설정이 있었기 때문에 가능했다. 그곳에서 만난 선배 중에는 이미 다양한 영역에서 성과를 만들어낸 경험을 한 이들이 많았다. 이후 이들은 구글, 메타(전 페이스북), 아마존, 네이버, 라인, 카카오, 현대카드, 삼성증권, 롯데, 신세계, LG, CJ, SPC, 쿠팡, 배달의민족, 몰로코, 마켓컬리 등 기업의 주요 경영진과 리더를 역임했다. 이러한 사실은 이들이 시장에서 얼마나 인정받고 있는지를 보여준다.

김명구 님은 SK에서의 모바일 지갑 사업을 성공시킨 후 현대카드로 이동하여 새로운 모바일 결제 서비스를 만들어냈다. 이후 롯데백화점으로 이동하여 거인의 디지털 전환을 이끌었고 현재는 딜로이트에서 컨설팅 조직의 리더가 되었다. 그는 오랜 기간 가장 가까이서 일한 선배이기도 한 동시에 누구보다 나의 초기 성장에 도움을 준 인물이다. 그에게 가장 크게 배운 것은 주체적으로 주도하는 성향이었다. 나는 그가 한 번도 누가 시키는 대로 일하는 것을 본 적이 없다. 누가 지시한 일을 거부하거나 그에 반발했다는 의미가 아니라, 대부분 스스로 할 일을 찾아내고 이것을 구체적인 형태로 만들어냈다는 뜻이다.

우리가 함께 추진했던 모바일 지갑 사업은 조직이 새로운 광고 모델을 고민하던 때에 그가 SPC그룹과의 해피포인트 모바일 사업을 만들면서 시작됐다. 당시 오프라인에서 고객 한 명을 모으는 데 들여야 했던 긴 시간과 높은 비용을 휴대폰 (삼성의 첫 번째 공식 스마트폰인 옴니아가 등장하기 직전이었고 갤럭시는 아직 이름도 만들어지기 전이었다)을 활용하여 획기적으로 개선한 콘셉트였다. 모바일을 기반으로 기업이 고객들과 효과적으로 소통할 수 있게 돕겠다는 것이었다. 지금으로 말하면 모바일 기반의 로열티 서비스 혹은 CRM(Customer Relationship Management) 서비스를 만든 것이다. 통신사와 유통사의 협업이 구체적으로 실현되었고 이후 이것이 CJ, 롯데, 신세계, 대한항공, 아모레퍼시픽, 하나카드 등의 기업들로 확대되며 모바일 지갑이 탄생했다. 나는 이 모든 일에 그의 추진력과 역량이 중심에 있었다는 사실을 의심하지 않는다.

그런데 그는 일만 열심히 하는 사람이 아니었다. 그는 언제나 일을 자신의 삶과 연결 지어 생각할 줄 알았다. 그는 모아둔 자산을 굴려서 더 큰 자산을 손에 쥘 준비를 했고 이를 실행했다. 그는 일을 통해 개인적 영역을 강화해야 한다는 점을 분명히 알고 있었고 적절한 때에 적절한 행동을 취했다. 그는 회사 내에서 유일하게 내게 이런 조언을 하는 사람이었다.

"형렬아, 선배들을 보면서 나이가 들었다느니, 능력이 없다느니, 하는 식의 생각을 먼저 해서는 안 될 것이다. 너도 분명히 언젠가 나이가 든다는 점을 잊지 말아라. 네가 힘을 쏟을 것은 그들에 대한 평가가 아니라 네 삶을 잘 만들어서 나중에 후배들에게 비칠 네 모습을 그려보고 준비하는 것, 그것 하나라는 점을 기억해라."

또 그는 언제나 네트워킹에 최선을 다했다. 일하며 만난 동료, 파트너들의 필요에 관심을 기울였고, 그들의 필요를 회사의 필요와 어떻게 연결할 수 있을지를 늘 고민했다. 그래서 파트너들에게는 이렇게 말했다.

"좋습니다. 그럼 말씀 나눈 대로 ABC에 대해 협력을 해봅시다. 그리고 곰곰이 생각해보니 ABC가 가능해진다면 XYZ에 대해서도 검토해볼 수 있을 것 같습니다. XYZ가 되면 우리한테는 이러한 도움이, 그쪽에는 저러한 도움이 있을 것 같습니다."

서로의 필요를 고려한 제안을 단칼에 거절하는 파트너를 나는 단 한 번도 본 적이 없다. 회사 내부의 의사결정자들도 좋아할 일이다. 그는 파트너들과 곧잘 다양한 일을 도모하며 생산적인 관계를 구축했다. 파트너들은 자기 조직에서 귀빈 초청 행사를 열거나 마케팅 이벤트를 개최할 때 김명구 님과 그의 후배인 나를 초청하기 시작했다. '다른 회사의 사람'에서 정식으로 '우리 회사의 손님'으로 지위가 바뀐 순간이다.

나는 그와 5년 동안 일하면서 직장에 대한 관점을 정립할 수 있었다. 직장은 협력하여 일을 만들어내고, 가치를 창출하고, 그 모든 것이 나의 삶을 돕게 하는, 삶의 파트너. 이 파트너와의 건강한 관계를 위해서는 당연히 생각은 주체적이어야, 행동은 주도적이어야 한다. 그런 이들은 앞서 설명한 분사 상황에서 직장 간판에 천착하지 않을 것이다. 분사된 회사에서 활약하다가 이직하거나 창업하여 내로라하는 리더로 거듭난 동료들이 많다. 주체성은 당신을 어디서든 빛나게 만들어 줄 것이다.

상사의 지시가 없어도
길이 보인다

지금 다니는 회사에서 일을 더 잘하고 성장하기 위해서 가장 먼저 해야 할 일은 그 회사를 제대로 아는 것이다. 회사가 무엇을 이루고자 하는지, 그리고 이를 위해 어떤 직원들을 원하며 그 직원들이 어떻게 일하기를 원하는지 말이다.

항해 중에 길을 잃고 거센 풍랑을 만났다고 생각해보자. 선원들은 끊임없이 돌발상황에 대비하며 일할 것이다. 그러나 엄청난 혼란 속에서 우왕좌왕할 수 있다. 이때 저 멀리 등대 불빛이 보인다면 이 일은 막연한 생존에서 무사 귀환이라는 분명한 목적성을 가진 일로 변모한다. 여기서 등대 불빛은 육지에 도달할 가능성 그 자체가 형상화한 것이 된다. 이는 육지가 어떤 방향에 있는지, 어떤 길을 따라야 하는지, 목적지까지 얼마나 남았는지를 알려주는 이정표다. 기업에서 이와 같은 역할을 하는 것이 비전이다.

많은 직장인이 직장생활에 대해 이렇게 얘기한다. "주말만 기다리면서 산다.", "죽지 못해 사는 거지 뭐.", "먹고살려면 다 녀야지." 그런데 어쩌면 이들은 등대 불빛을 바라며 SOS 신호를 보내는 걸지도 모른다. 대부분 기업은 홈페이지에 비전을 공표한다. 누구나 마음만 먹으면 이를 찾아볼 수 있다. 예를 들어 내가 일했던 SK는 'SK 경영 시스템'이라는 의미의 SKMS(SK Management System)를 기업 경영의 근간으로 삼고 있다. SKMS의 첫 페이지에는 SK의 기업관이 담겨 있는데 그 첫 줄은 다음과 같다.

기업은 안정과 성장을 지속적으로 이루어 영구히 존속, 발전하여야 한다.

돌아보면 이 첫 문장은 항상 영향력을 발휘했다. 내가 채용되는 과정에서도 이에 관련된 질문과 답변이 오갔다. 당시

약 20명의 지원자가 2차 면접을 위해 모인 자리에서 면접관은 화이트보드에 대략 20개 단어가 적힌 종이를 붙였다. 다 기억이 나지는 않지만, '계속적 성장', '경쟁에서 이기기', '구성원의 행복', '사회에 도움', '기업의 생존', '국가 발전에 기여', '구성원의 자아실현', '글로벌 경쟁력 확보', '높은 이윤' 등이 있었다. 면접관은 중요도로 순서를 매기고 이유를 설명하기를 요청했다. 면접에 참여한 이들은 모두 다른 대답을 적어냈다. 나는 그중에서도 살아남는 게 최우선이고, 살아남으려면 계속 성장해야 한다고 대답했다. 그것이 조직이 원했던 답이었다는 사실은 뒤늦게 알게 되었다. 나는 입사 후에도 회사가 안정적인 성장을 지속해서 추구하는 모습을 확인할 수 있었다.

한편 알리바바그룹은 '식스밸류Six Values'라는 가치를 좇는데, 그중 대표적인 것은 다음과 같다.

If not now, when? If not me, who?
지금이 아니라면 언제 하겠는가? 내가 아니라면 누가 하겠는가?

Today's best performance is tomorrow's baseline.
오늘 만들어낸 최고의 성과는 내일의 기본 출발선이 된다.

실제로 알리바바에서는 그 일이 누구의 책임이든 문제가 보이면 먼저 나서서 해결하려고 했다. 일이 많아 시간 관리가 어려운 상황에서도 계산하지 않고 당장 달려드는 직원들은 항상 높은 평가를 받았다. 또한 어제까지의 영광은 잊고 내일의 일을 생각하며 도전하는 이들의 성장 가능성을 크게 봤다. 그래서 오히려 냉철한 판단력으로 득실을 따져 행동하는 합리성이 좋게 평가받기 어려웠다. 쿠팡의 리더십 원칙 또한 잘 알려져 있다.

Wow the customer.
고객이 와우하게 만든다.

Move with urgency.
위기의식을 가지고 움직인다.

Dive deep.
깊이 파고든다.

자기 회사가 추구하는 바를 알면 그에 맞춰 자기 역량을 회사가 원하는 지점에 효과적으로 분배할 수 있다. 그러면 회사는 당신에게 더 큰 보상과 영향력을 안겨줄 것이다. 또 제안하는 일들이 회사의 비전과 일치하기 때문에 직속 상사를 넘어 임원 레벨에서 호응할 가능성이 커진다. 그러면 일에는 힘이 실리고 업무는 더 기민하게 추진될 수 있다. 혹시 지시된 업무가 회사가 나아가고자 하는 방향과 일치하지 않는다면, 나름대로 수행에 수반되는 리스크에 대응할 수도 있게 된다. 기업의 비전이나 미션은 면접을 볼 때나 한번 들여다보고 마는 것이 아니다. 미리 숙지하고 회사에 다니며 매일 자기 업무에 빗대보는, 실행의 푯대가 되어야 한다.

기업의 비전과 미션, 기업관을 아는 일이 중요하다는 데 동의한다면 이제 그것을 언제고 읊을 수 있도록 외워두어야 한다. 또 나아가 남에게 이를 설명하고 설득할 수 있어야 한다. 그냥 적힌 글을 읽거나 듣는 것과 남에게 설명할 수 있을 정도로 체화하는 것은 완전히 다른 얘기다. 남에게 설명하기 위해서는 제대로 알고 있어야 한다. 물론 그 과정에서 자기 자신이 회사의 논리를 이해하고 직장생활의 의미를 찾을 수 있게 되는 것은 덤이다. 그러면 만족스럽고 생산적인 직장생활을 위해서 무엇을 타협해나가야 할지 혹은 무엇을 타협해서는 안 될지 효율적으로 판단할 수 있게 된다.

나는 내가 거쳐온 SK, 알리바바, 쿠팡의 기업관을 지금도 외우고 있다. 지금은 29CM의 방식과 인재상이 모두 담겨 있는 '29CM WAY'의 각 요소를 업무의 순간순간에 떠올리고, 또 동료들과 이에 대해 대화한다. 어쩌면 이것이 내가 그동안 직장에서 헛발질하지 않고 성과를 내온 비결일지도 모른다. 성장을 위해 필요한 것들을 제대로 알고 싶다면 먼저 기업의 비전, 미션, 기업관을 통째로 외워라.

다음으로 당신의 상사가 하는 말이 기업의 비전과 미션에는 어떻게 연결되는지를 파고들어야 한다. 회사와 상사를 분리하고 생각하는 것이다. 가령 당신이 다니는 회사가 고객을 최우선으로 여기는 기업관을 표방하고 있다. 그런데 상사가 지시한 일이 고객을 만족시키는 데에 기여하지 않는 듯 보인다. 그러면 이에 관해서는 상사에게 바로 물어봐야 한다. 만약 상사의 지시에 당신이 생각하지 못했던, 회사의 비전과 일치하는 부분이 있다면 배움의 기회가 된다. 혹은 그렇지 않은 경우 상사와 논의하여 지시 내용을 회사의 목적성에 맞는 방식으로 조정하고 당신의 주체성과 존재감을 회사에 어필할 기회가 된다.

29CM의 "Guide to better choice(고객의 더 나은 선택을 돕는다)."는 멋진 말이지만 이로 인해 실제 업무를 수행하는 순간에 크고 작은 혼선과 어려움이 생기기도 한다. 온라인으로 상

품을 판매하는 이커머스 시장은 경매의 형태(이베이)로, 공동구매의 형태(그루폰)로, 모든 것을 다 파는 형태(아마존, 알리바바)로 발전해 왔다. 오프라인에서보다 월등히 많은 상품을 저렴한 가격에, 심지어 매장에 가지 않고도 살 수 있다는 것이 이커머스의 가장 큰 차별점이다. 그래서 소비자들이 이커머스에 기대하는 바에 비추어 보면 29CM의 비전이 말하는 "더 나은 선택"을 '더 저렴한 가격의 제품', 또는 '위험 부담 없이 사서 편하게 쓰고 처분할 수 있는 제품'으로 생각한다고 해도 이상할 일은 아니다. 그런데 29CM는 여기에 '브랜드'라는 기준을 하나 더 추가한다. 브랜드의 역사, 가치, 이야기를 통해 고객의 선택을 돕는다는 것이다.

그런데 이 비전만큼이나 중요한 것이 실적이다. 실적이 사업을 지속해서 성장시키고 키울 수 있다. 당연히 비전과 실적을 좇는 일이 서로 일치할 때가 이상적이지만 이 둘은 불화할 때가 많다. 그럴 때 어떤 리더는 브랜드를 추구하는 미션은 제쳐두고 당장 매출을 더 일으킬 수 있는 가성비 좋은 제품의 판매를 촉진하고자 한다. 이제 당신이 실무를 수행하는 MD라고 하자. 만약 당신이 리더의 의중과는 달리 기업의 비전대로 역사와 가치와 이야기가 있는 브랜드 판매에만 집중하면 팀이 좋은 실적을 내기가 힘들어진다. 당신은 이런 상황에 어떻게 하겠는가?

위 상황에서 상사의 의중을 무조건 따르는 일은 엄청난 혼란 속에서도 노는 열심히 젓는 것과 같다. 이는 당장 눈앞에 닥친 파도는 넘어설 수 있게 해준다. 살아남을 수 있게 해주는 것이다. 그러나 등대는 반대편에서 빛을 뿜고 있다. 당장 위기를 넘기더라도 애초에 방향이 잘못되었다면 목적지에 도달할 수 없다. 그러니 당신은 선장이 뭐라고 하든 등대 방향으로 노를 저어야 한다고 주장할 수 있어야 한다. 다행히 29CM의 업무 문화는 성숙해서 직급 불문하고 소신 있는 주장을 펼칠 수 있다. 상사를 통해서 당신에게 주어지는 모든 일이 회사의 뜻과 어떻게 연결되는지를 반드시 확인하라.

마지막으로 당신 스스로를 객관적으로 파악해야 한다. 지금 나의 업무 수행 내용과 그 일을 하는 태도는 얼마나 회사의 비전과 미션에 맞닿아 있는가? 개인의 욕망과 필요에 치중된 판단과 행동을 하고 있지는 않은가? 회사의 방향성을 외면하고 자기 뜻대로만 일하려 한다면 회사에서 일할 이유가 없다. 회사 역시 그러한 사람을 오래 참아주지 않을 것이다. 하지만 삶의 대부분 시간이 영위되는 직장에서 자아를 감추고만 있기는 쉬운 일이 아니다. 대부분은 직장인이라는 정체성을 자기 정체성으로 삼고 싶어 하지 않는다. 이때 가장 이상적인 해결책은 미션과 비전이 나의 욕망과 일치하는 기업을 찾는 것이다. 취직하기 전에, 이직하기 전에, 기업의 네임밸류 자체보다 최우선적으로 검토해야 할 것은 자기 자신의 욕망이다.

내가 이직하면서 가장 크게 고려했던 것은 기업의 비전과 기업이 시장에 만들어내는 성과의 파급이었다. 나 자신을 잘 파악해보니 나는 사소하다고 생각하는 일을 그리 잘 버텨내지 못하는 편이었고 변화 혹은 변수가 적은 일에는 지루함을 느끼는 경향이 있다. 그래서 나는 시대의 변화에 담대하게 걸음을 옮기는 기업에서 일하는 것이 내게 적합하다고 생각했다. 어차피 어디서나 업무의 디테일들을 챙겨야 한다면 급진적인 성과를 좇는 기업을 선택하고 싶었다. 그런 판단을 바탕으로 나는 알리바바, 쿠팡, 29CM까지 이르게 되었다.

회사 안에서 효율적으로 잘나가는 사람이 되는 방법은 3가지다. 회사의 미션과 비전을 제대로 읽어내고, 회사의 구성원과 일의 방향을 설정하고, 자기 자신이 회사의 미션과 비전에 얼마나 호응하는 사람인지 생각해보는 것이다. 이를 통해 회사와 당신을 연결하는 강한 고리를 더 강화하고 약한 고리를 굳건하게 만들 방법을 찾을 수 있다. 또 묵은 고리를 끊어내고 새로운 고리를 찾아야 할 때도 또렷한 혜안을 얻게 될 것이다.

11

업무 통제력의
차이

회사의 비전과 미션을 실질적인 내 일에 어떻게 반영할 수 있을까? 그리고 그것이 잘 반영되었는지 어떻게 파악할 수 있을까? 당신은 이제 목표와 지표라는 두 도구를 살펴야 한다.

비전은 일을 통해 만들어내고자 하는 궁극의 결과다. 그리고 이를 위해 전략을 세워 업무를 구체화한다. 각 업무는 비전에 다다르기 위한 '중간 목표' 지점들을 향한다. 의사결정권자들은 이를 위해 구성원들에게 자원을 분배한다. 그리고 조직원들과 업무의 요소를 하나하나 추적하고 파악하고 이해하고 공유하기 위해 '지표'를 활용한다.

그 각각이 모두 중요해서 영역별로 전문가가 있을 정도다. 가령 비전으로 치면 스티브 잡스와 일론 머스크가, 전략으로 치면 마이크로소프트를 완전히 탈바꿈시킨 사티아 나델라Satya Nadella나 《제로 투원》의 피터 틸Peter Thiel이, 자원으로 보면 실리콘밸리의 스승이라 불리는 빌 캠벨Bill Campbel이나 린 스타트업을 주창한 에릭 리스Eric Ries, 《하드씽》의 벤 호로위츠Ben Horowitz가, 목표나 지표와 관련해서는 OKR의 아버지 존 도어John Doerr 또는 SMART 방법론을 제시한 경영컨설턴트 조지 도란George Doran 등이 있다. 이 중 목표와 지표는 직장인이 가장 쉽게 접근할 수 있는 도구다. 목표와 지표에 대한 통제력이 클수록 맡은 일을 성공적으로 해낼 수 있는 역량도 커진다.

당신은 항상 최종 결과로서 목표가 무엇인가 따져보아야 한다. 더 쉽게 말하면 기업의 사장, 또는 회장이 목표로 하는 것이 무엇이냐는 것이다. 기업의 목표가 제대로 설정되었다면 예외 없이 상위 조직에서 하위 조직으로 지시가 전달되며 업무가 세분화된다. 당신은 반드시 상위 조직에서 생각하는 목표에 대해 이해하고 업무를 수행해야 한다. 그렇지 않고 지시사항 자체에만 몰두하면 최종 목표와 동떨어진 성과가 나올 수 있다. 그러면 아무리 일을 열심히 해도 인정받지 못한다. 직급에 따른 인식 업무 목표를 다음과 같이 정리해보자.

- 최상위 목표

(1) 고객의 더 나은 구매 선택을 돕는다.

- 차상위 목표

(1) 고객이 선호하는 제품을 집중적으로 확보한다.

(2) 제품을 큐레이션하여 고객에게 제시한다.

- 차차상위 목표

(2-1) 앱을 통한 큐레이션으로 고객과 상품의 매칭 성공률을 높인다.

(2-2) 검색 경험을 개선하여 고객과 상품의 매칭 성공률을 높인다.

- 실무자 목표

(2-1-1) 큐레이션의 주제를 시즌과 고객 트렌드에 맞게 선정하고, 상품에 특정 검색 키워드들이 매칭되도록 하여 매칭 성공률을 ○○% 이상으로 올린다.

(2-2-1) 검색 성공률을 ○○% 이상으로 올린다.

가령 ESG 경영을 추구하는 리더 아래 어떻게든 화석 연료의 사용량을 줄이고 탄소배출량을 감축해야 한다는 비전을 가진 차량 연료 공급 기업이 있다고 해보자. 누군가 업무 회의에서 이미 존재하는 화석 연료 기반 주유 인프라를 효율적으로 활용하는 편이 새롭게 전기 충전소를 설립하는 것보다 이윤을 내기에 적합하다고 주장한다면 어떨까? 물론 전기 연료를 기반으로 산업 생태계를 만들고자 하는 기업에서도 자원의 투입 대비 효과를 관리해야 한다. 하지만 이런 단기적인 목표만 지향해서는 기업의 리더가 추구하는 상위 목표를 달성하기 어렵다. 당장 리더에게 "내가 하는 말을 듣고 있습니까?"라는 말을 듣게 될지도 모른다.

모든 이들이 필요한 물건을 밤 12시 전에만 주문하면 다음 날 아침 7시에 문 앞에서 수령할 수 있는 편리한 세상을 꿈꾸는 리더의 회사가 있다고 해보자. 이런 회사에서 물류 인프라에 수조 원을 투자하여 자체 물류 시스템을 구축하는 것이 비효율적이라고 말하는 것은 부적절한 일일 것이다. 업무의 목표는 가장 높은 단계의 목표를 기준으로 설정해야 한다. 그러면 목표를 달성하고 결과를 만든 뒤에 더 확실한 피드백을 주고받을 수 있다. 같은 방향성을 공유하는 만큼 실무자와 지시자가 생각하는 피드백 기준도 같을 가능성이 크기 때문이다. 반면 회사의 목표와 동떨어진 방향을 바라보고 업무를 수행한 뒤 피드백을 받게 될 경우, 이는 당신에게 일의 의의를 이해시키기 위한 설명과 설득으로 대체될 수 있다. 생산적인 피드백이 요원해지는 것이다.

목표를 이루기 위해 해야 할 업무와 그 방식은 전략이다. 이때 필요한 것이 바로 '지표'다. 예를 들어 당신이 5kg 감량을 목표로 다이어트를 한다면 최상위 지표는 몸무게가 될 것이다. 목표 결과 지표는 -5kg이다. 감량을 위한 행동과 관련된 지표도 따져보자. 살을 빼기 위해서는 먹는 음식의 종류와 양을 줄일 수도 있다. 운동을 통해 칼로리를 소모하는 방법을 택할 수도 있다. 2가지를 병행할 수도 있다. 식이요법으로 체중을 감량하기로 했다면 반드시 먹어야 할, 또는 줄여야 할 음식의 리스트를 짜야 한다. 음식의 섭취량과 섭취 빈도는 지표가 될 것이다.

만약 운동을 감량 방법으로 택했다면 유산소 운동, 근력 운동, 스트레칭의 방법과 강도를 지표로 삼을 수 있다. 보통 이 전략이 잘 지켜지면 살은 빠질 것이고, 그렇지 못하는 경우 빠지지 않게 될 것이다. 이처럼 지표는 목표를 달성하기 위한 여정의 가이드 역할을 한다. 목표 달성에 실패하더라도 지표를 얼마나 충실히 따랐는지 복기하는 과정에서 실패의 원인을 찾을 수 있다. 그래서 목표를 향해 유기적으로 연결된 지표를 파악하는 일은 중요하다.

29CM는 그 어느 조직보다 목표와 지표의 설정과 운영을 중시한다. 그중 영업 조직은 매년 목표하는 전체 거래액이 있다. 하지만 유관 부서끼리 소통할 때는 판매를 위한 기획전의 운영, 행사와 상품의 노출 빈도에 대해서만 말한다. "오늘 얼마 팔았어요?"보다는 "오늘 새로 들어온 상품은 무엇인가요? 기획전은 잘 론칭했나요? 이를 더 많은 고객에게 보여주기 위해 광고와 홍보는 어떻게 진행했어요?"라는 대화가 오가는 것이다. 거래액이라는 목표는 프로모션의 시행 빈도와 노출 빈도라는 지표를 달성하면 실현할 수 있다고 미리 합의해뒀기 때문이다. 전략은 오차범위가 발생할 때마다 회의를 통해 지속적으로 조정한다. 이처럼 목표와 지표는 실행 단계에서 의도한 대로 움직이는지를 끊임없이 확인해야만 한다.

이는 사실 조직 차원에서뿐 아니라 개인의 차원에서도 중요하다. 아무리 목표와 지표라는 틀이 일의 가장 효율적인 방법으로 제시되었다고 하더라도, 이를 실제 업무에 구체적으로 활용하는 것은 개인적 차원의 일이다. 나와 같이 쿠팡에서 일하다가 29CM의 검색발견팀으로 입사한 원효석 님은 검색의 품질을 높이기 위해 검색어를 구조화하여 이를 상품과 매칭하는 작업을 했다. 나아가 고객의 검색 경로에 다양한 큐레이션을 제안하여 상품 발견 프로세스를 개선했다. 그는 "고객의 더 나은 선택"이라는 29CM의 목표를 달성하기 위해 큐레이션 상품 매칭률과 검색 성공률이라는 지표를 활용하여 검색 효율을 극대화했다. 이를 인정받아 그는 얼마 전 검색 프로덕트 조직의 리더로 승진했다. 이처럼 업무를 통제할 방법을 실행하고 이를 실력으로 만드는 것은 당신의 몫이다.

12

실력이라는 집 기둥에 '이 철근'을 심어라

앞서 기업의 비전과 미션을 직장인 개개인의 업무와 성과로 이어주는 매개가 목표와 지표라는 점을 설명했다. 목표와 지표는 일에서 무엇을, 어떻게 해야 하는지를 알려주는 중요한 가늠자가 되어 성장을 돕는다. 이때 생각해볼 점은 목표와 지표가 집단적인 차원에서 설정된다는 사실이다. 그렇기 때문에 단순히 지표를 만들어내는 것은 개인적 차원의 역량을 개발하는 데 충분하다고 볼 수는 없다. 그렇기에 당신은 집단적 결정을 따르되 이를 어느 정도는 활용하여 조직 내에서의 주도권을 키워갈 수 있는 방향으로 일해야 한다. 이를 위해서는 시간, 경험, 실력이 필요하다.

개인적인 차원에서 실력을 키우기 위해 조직 내에서 취할 수 있는 가장 손쉬운 방법은 무엇일까? 매일 수행하는 업무를 관찰하고 기록하는 것이다. 이는 자기객관화에 도움이 되는 데다 업무상 변수에 신속하게 대응할 수 있게 만든다. 무엇보다 이 방법의 최대 장점은 바로 시작할 수 있다는 점이다. 일의 필로소피를 정립하기 위해 반드시 적어야 할 것은 바로 일하는 인간으로서 자신, 그리고 한 명의 자연인으로서 자신의 상태에 관한 기록이다.

일하는 인간으로서의 자신을
기록하고 그 변화를 읽어내라

일의 시작일, 종료일, 지시자, 참여자, 결과를 다음과 같이 기록하라. 형식은 어떻게 해도 상관없다. 여기서는 업무 처리 속도, 당신이 관여하는 프로젝트의 참여자 규모, 결과의 승인 또는 반려 여부에 대해 알 수 있다. 반복적인 기록을 통해 만약 당신의 일 처리 속도나 함께 일하는 사람의 수가 늘지 않고,

결과가 자꾸 반려된다는 사실을 발견했다면 당신은 지금 변화가 필요한 상태다. 업무 퍼포먼스를 개선할 수 있는 무언가를 해야만 한다. 만약 위의 모든 항목이 개선되고 있다면 지금 무엇이 당신의 성장에 기여하고 있는지를 생각해보자. 그러고 그 동력을 유지하고 강화할 방법을 찾아야 한다.

기록은 자기 상태를 객관적으로 파악할 수 있게 만든다. 그러나 그간 직장생활을 하며 자기 업무를 객관적으로 파악하는 사람은 거의 보지 못했다. 직장인 대부분이 자신의 업무 특성, 자신의 강점, 보완점 등을 파악할 기본적인 정보를 확보하지 않은 채 정체된 직장생활을 한탄한다. 소중한 자기 에너지를 어디에 어떻게 연소하고 있는지 모르는 셈이다. 다행인

업무명	영업 타깃 브랜드 조사 완료
업무 시작일	2024년 1월 5일
업무 지시자	영업기획팀 김○○ 팀장
협업하는 인원	총 3명 (영업기획팀 장○○ 차장, 사업팀 서○○ 과장, 운영팀 오○○ 사원)
업무 종료일	2024년 1월 15일
업무 결과	업무 종결 (또는 재작업 지시)

표 1 자기 기록

것은 꾸준한 기록만으로도 위와 같은 상황을 지금 즉시, 단번에 바꿀 수 있다는 점이다.

자연인으로서 자신을 기록하고
그 변화를 읽어내라

자연인의 사전적 의미는 "사회나 문화에 속박되지 아니한, 있는 그대로의 사람, 또는 법이 권리의 주체가 될 수 있는 자격을 인정하는 자연적 생활체로서의 인간"이다. 하지만 내가 드러내고 싶은 자연인의 의미는 "회사를 벗어난 사회 속 주체로서의 인간"이다. 당신은 자신이 회사 밖에서 무엇을 하고 살고 있는지를 기록해야 한다. 만나는 사람, 쉴 때 하는 것들이 직장생활에 긍정적인 기반을 마련해주고 있는지를 파악하는 것이다. 왜냐하면 회사 밖에서 하는 일들이 당신의 기본적인 소양과 교양을 만들고 저력이 되어 회사에서의 일을 돕기 때문이다. 회사 밖에서 형성한 관계가 더 큰 기회가 있는 시장으로 끌어내주는 등대이자 견인선 역할을 할 수도 있다. 나는 다음과 같은 활동들을 한다. 일, 가족 활동, 투자 활동, 소비 활동, 취미 활동, 자기계발, 건강 관리, MBA/업계/네트워크 활동. 나는 각각에 해당하는 다음 단위의 활동 내용들을 정리하여 하나의 '활동 생태계 표'를 그린다. 주의할 점은 각각의 활동이 왜 필요한지, 또는 이를 통해 해당 기간에 이루고자 하는 점이 무엇인지 고려해보아야 한다는 점이다. 다음은 나의 활동 생태계 표다.

그다음 해야 할 일은 간단하다. 표를 출력하거나 파일로 저장해두고 매일 활동이 진행된 횟수를 기록하는 것이다. 월 단위로 정리해도 좋고 주 단위로 정리해도 좋다. 그러다 보면 나의 삶이 내 실력에는 어떤 영향을 미치고 있는지 객관적으

표 2 활동 생태계

로 파악할 수 있다.

　나는 대체로 1월에 큰맘을 먹고 새로운 활동을 시작했다
가 2월에 전반적으로 활동을 줄이는 경향을 보였다. 단, 주식
투자 활동은 늘었다. 2월 주식 시장이 상승 기류를 보임에 따
라 주식 매매 빈도를 늘렸기 때문이다. 3월 들어 업무 역량
을 증진하고자 외부 활동을 점진적으로 늘렸고 이를 유지했
다. 반면 주식 투자 활동은 줄였다. 취미 활동인 골프는 추운

	1월	2월	3월	4월	5월	6월
업무 역량 계발 외부 활동 시야 확장	5	2	4	5	5	6
가족 외식 행복 추구	6	4	5	5	6	5
주식 투자 자본 수익 창출	2	7	0	0	1	2
소비 품위 유지	5	2	4	5	8	10
취미 골프 스코어 향상	9	8	8	4	2	1
자기계발 영어 스피킹 역량 강화	10	8	6	5	6	10
건강 관리 헬스	7	4	3	6	10	10
MBA/업계 네트워킹 새로운 정보 취득	4	1	5	8	7	5

표 2-2 활동 생태계

1~3월에 최대한 레슨을 많이 받아두고 4월부터는 주로 필드에 나갔다. 3월 이후로는 MBA 모임과 업계 네트워킹 시간도 늘리기 시작했다. 틈나는 대로 사람을 만났다. 1~3월에는 영어 공부 의욕이 점점 꺾였지만, 4~6월에는 영어 공부에 더 큰 노력을 기울였다. 건강 관리는 5~6월에 시간을 더 쓰게 되었다. 가족들과 보내는 시간은 꾸준히 일정 수준을 유지했다. 소비는 그때그때 필요에 따라 변화가 있었다.

이를 바탕으로 생활이 장기적인 성장 목표에 적합한 패턴으로 흘러가는지 확인해볼 수 있다. 보완할 점이 있다면 그를 반영하여 하반기 활동 생태계 표를 다시 짜면 된다. 3개월, 6개월 주기로 짜는 것이 효과적이다. 한 달만으로는 유의미한 패턴을 도출해낼 수 없기 때문이다. 내 지난 표를 보면, 2023년의 나는 지나치게 자기계발(독서)에 시간을 쏟았던 반면 취미 활동(골프)과 네트워킹 활동에는 소홀했다. 내가 독서만큼이나 취미와 네트워킹에 부여한 가치를 감안할 때 이는 불균형한 패턴이다. 그래서 2024년에는 이 불균형을 조정하여 활동 생태계 표를 짰다.

환자의 상태를 알아야만 적절한 처방을 내릴 수 있는 의사처럼, 직장인도 자신의 상태를 알아야 제대로 된 방식으로 실력을 키울 수 있다. 만약 회사 안팎에서의 자기 상태를 제대로 파악하지 못한 채로 실력을 키웠다면, 그것은 마치 설계도에 적힌 철근 몇 개가 빠진 건물처럼 위태로울 것이다. 어느 순간 슬럼프에 빠지고 성장이 둔화할 수 있다. 당신을 지속적이고 안정적으로 성장할 수 있게 만들어주는 '기록'이라는 철근을 심자. 이 철근은 세상에서 가장 가성비가 좋은 보강재다.

생각하는 힘을
키워라

직장에서 무엇보다 중요한 것은 사고력을 단련할 수 있는 환경을 마련하는 것이다. 회사 안에서 이루어지는 모든 일은 누군가의 생각으로부터 시작되어 구현된 것이다. 이 생각의 차이가 일의 차이가 되고, 실력 개발의 자양분이 된다. 누군가는 옆자리의 경쟁자보다 더 나은 보고서를 써야 한다는 생각으로 공부하는 사이, 다른 누군가는 전 지구의 에너지원을 화석연료에서 친환경 에너지로 전환해야 한다는 생각에서 태양광발전을 공부한다. 그렇다면 어떻게 이런 차이를 만드는 생각의 힘을 키워갈 수 있을까? 이 장에서는 회사 안에서 생각하는 힘을 키울 방법에 초점을 맞춰보려 한다.

얼마 전 새로운 사업을 준비하며 상품의 디자이너를 새롭게 채용했다. 우리는 매월 새로운 제품 몇 종을 출시한다는 계획을 잡고 작업을 진행하기 시작했다. 그런데 어느 날 문득 디자이너가 이런 말을 건넸다. "매월 새로운 제품을 디자인하는 것이 빠듯하기는 하지만 소화하지 못할 양은 아니에요. 그러나 디자인에 대한 생각을 나누며 더 나은 방향을 찾는 과정을 위해 디자이너 한 명을 더 뽑을 수 있다면 좋겠습니다."

물론 그가 내심 업무 부담을 느끼고 있었을지 모른다. 하지만 나는 혼자서 성장하는 데 한계가 있다는 사실에 공감했다. 성장의 기회는 협업과 소통의 순간에 찾아온다. 때로는 논쟁을 통해 타인의 관점을 엿보고 자기 생각의 틀을 깨는 과정 자체가 성장이 된다. 이를 위해서는 반드시 나에게 다른 생각을 불어넣을 수 있는 상대방, 타인이 필요하다.

기업 조직에서 일하며 만나는 사람들을 잘 들여다보면 같은 직무에 있더라도 강점이 다양하다. 고객의 마음을 잘 읽어내는 사람이 있는가 하면, 회사가 만드는 제품과 서비스에 대한 이해도가 높은 사람이 있다. 조직적으로 일하는 것에 강점이 있는 사람이 있는가 하면, 독립적으로 성과를 내는 데에 우수한 사람이 있다. 논리적 분석과 판단에 능한 사람이 있는가 하면, 감각적이고 본능적인 촉이 뛰어난 사람이 있다. 머리의 회전이 빠른 사람이 있는가 하면, 행동이 신속하고 꾸준한 사람이 있다. 해석에 익숙한 사람이 있는가 하면, 이야기를 만들어내는 데에 타고난 사람들도 있다. 말을 조리 있게 잘하는 사람이 있는가 하면, 영어 구사가 아주 뛰어난 이들도 있다.

이들은 내게 없는 자질, 내가 상상하지 못할 행동 방식을 이미 체화한 사람들이다. 이들에게 좋은 것이 있다면, 보고 듣고 배우고 발전할 수 있다. 그래서 나와 다른 강점을 가진 사람들과 협업할 수 있는 환경을 최대한 자주 마련해야 한다. 그간 나의 성장에 도움을 준 이들도 돌이켜 보면 나와 다른 강점을 가지고 있었다. SK 재직 당시 미국의 커머스 스타트업을 인수하는 프로젝트를 주도한 K는 프로젝트가 다루어야 하는 폭넓은 항목을 두루 파고들고 그 각 요소의 연결 고리를 찾아내는 역량이 대단했다. 그는 SK의 미국 진출을 위해서 필요한 제품과 고객, 시장 관점에서의 항목을 분석했다. 사업 전개 전략을 달리할 때의 시간과 비용의 차이, 팀을 세팅하고 통합하는 솔루션 등이 담긴 그의 기획은 SK가 실리콘밸리의 스타트업을 인수하도록 만들었다.

내가 K에게 가장 큰 영향을 받은 요소는 영어다. 당연하게도 미국에서 일하기 위해 꼭 필요한 것이기도 했다. K는 누가 보기에도 영어를 잘했지만, 해외에서 어린 시절을 보냈거나 원어민이었던 것은 아니었다. 다만 한국에서 대학을 졸업하고 수년간 미국에서 일하다가 SK로 이직했다. 그의 영어가 한국인들이 소위 영어의 표준이라고 생각하는 미국 서부식 악센트는 아니었지만 전하고자 하는 바를 모자라지도 넘치지도 않게 확실하게 전달했다. 영어가 유창하고 쿨하기까지 한 할리우드 배우들이나 유명한 영미권 CEO들의 영어만을 동경하며 큰 벽을 느끼고 있던 내게 그의 영어는 딱 맞는 롤모델이었다. 나는 그의 발화 습관이나 제스처 등을 어느 정도 모방하면서 내 영어 실력을 이전보다 더 빠르게 증진할 수 있었다. 혼자서 학원이나 책으로 영어를 배우던 시절에는 얻지 못했던 영어 학습에 대한 생각과 방법을 깨우치면서 만들어낸 결과였다.

이와 비슷한 경험이 또 있다. 쿠팡 로켓 패션 사업부에서 일할 때, 데이터 분석가 출신의 외국인 동료가 있었다. 그는 패션 사업을 데이터를 중심으로 해석했다. 가령 모든 사람들이 명망 높은 브랜드에 대해서만 말하는 식이었다면 그는 쿠팡에서 가장 잘 팔리는 아이템과 가장 잘 팔리는 가격대에 맞는 제품에 대해 얘기했다. 그래서 유명한 브랜드든 아니든 데이터가 적합한 상품만을 조직에 내밀었다. 함께 일하는 입장에서는 동의하기가 마냥 쉽지 않았다. 그것이 패션 사업의 성장에 어떤 도움이 될지도 의문이었다. 그런데 그와 일하다 보니 항상 논쟁의 각을 세웠던 나도 어느 순간 업무의 많은 영역에 데이터를 활용하고 있었다. 그가 데이터를 가지고 1만 원 가격대의 흰색 티셔츠를 더 많이 팔기를 주장한다면 나 역시 또 다른 데이터를 가지고 한국 고객들이 패션 플랫폼에서 주로 소비하는 가격대는 그보다 높은 4~5만 원대라고 주장했다. 그와 생각을 주고받으며 데이터로 사고하고 소통하는 법을 깨우쳤다. 다른 회사로 이직한 지금도 그에게 감사한다.

기업의 성장뿐 아니라 개인의 성장도 생각에서 시작된다. 이를 위해 내 생각을 확장할 수 있는 상대와 다양한 의견을 나누는 일은 최고로 효율적인 성장법이다. 친하지 않아도 좋다. 논쟁을 펼쳐도 좋다. 당신을 보고 고개만 끄덕이기보다 당신이 무언가 다른 생각을 하게 만드는 사람이라면 옆에 두어라. 이 글을 읽고 지금 바로 떠오르는 동료의 얼굴이 있는가? 내일 출근해서 당장 그와 일에 대해 다양한 대화를 나눠보자. 선생은 도처에 있다.

14

입사 3년 차, 변화를 고민하다

거대한 변화 속에는 기회가 도사리고 있다. 변화를 추구하면서 위험을 피하거나 안정을 유지하기는 힘들다. 미래에 대비하고 삶을 주도적으로 통제하고 싶다면 변화나 안주 중 하나를 선택해야 한다. 그런데 선택이 필요한 시기는 사람마다 다르다. 중요한 점은 이런 시기가 외부가 아닌 내면에서 기인하여 시작되기도 한다는 점이다. 이 책의 목적이 안정이 아닌 관계로, 나는 지금부터는 위험과 변화를 다루는 법에 집중하고자 한다.

나의 직장 동료와 선배들은 크게 두 부류로 나뉜다. 입사 후 3~4년 차에 변화를 꾀하는 이들과 10년 차 전후에 변화를 꾀하는 이들이다. 이때 왜 우리가 이 시기에 변화를 원하는지 파악해보아야 한다.

나의 가장 친한 동기와 선배 중에는 입사 3년을 조금 넘기면서 다른 길을 선택한 이들이 있다. 언어 데이터 및 전문번역 기업 플리토의 이정수 대표, 글로벌 트래블테크 기업 야놀자의 이찬희 CPO, 아마존 베트남의 성기재 대표가 그들이다. 이들은 모두 3년을 전후하여 다음 단계로의 도약을 시도했고 결과적으로 상당한 부분에서 진전을 이뤄냈다. 이정수 대표는 대학생 때부터 꿈꿔왔던 프로젝트를, 이찬희 CPO는 미국 MBA에서 공부를, 성기재 대표는 입사 3년 안에 다음 도전을 도모한다는 계획을 실행하며 모두 위험한 변화를 택했다.

그로부터 10년이 더 지난 지금 이정수 대표는 코스닥 상장사이자 글로벌 AI 번역 시장의 대표 기업을 키워냈다. 이찬희 CPO는 아마존 본사에서 사업의 해외 확장이라는 성과를 내고 이제는 야놀자에서 다음 도약을 이어가고 있다. 성기재 대표는 구글 코리아와 구글 싱가포르, 아마존 코리아와 아마존 싱가포르를 거쳐 아마존 베트남에서 새로운 시장을 개척하고 있다.

공통된 특성은 의외로 이들이 변화와 트렌드에 민감하지 않았다는 점이다. 이들에게는 그저 하고 싶은 일, 원하는 형태의 삶, 자기 일에 대한 몰입, 장기적 지향점이 있었을 뿐이다. 그 길을 생각한 대로 한 발 두 발 걸어가다 보니 그것이 결국 트렌드의 흐름과도 통하는 양상이 된 것이다. 이처럼 많은 경우 성실한 직관은 실제 세상의 변화와 동떨어져 있지 않다. 자신이 원하는 일을 찾아 꾸준히 고민하고 공부하는 것만으로 트렌드를 따라가게 된다. 큰 틀에서 우리가 접하는 모든 정보, 우리가 하는 모든 공부가 결국 세상의 흐름과 무관하지 않기 때문이다. 이런 사람들은 변화에 흔들리지 않고 항상 일에 몰입하고 정진한다. 변수가 발생해도 그에 대응하면서도 중심을 잃지 않는다.

안타깝게도 이런 상황이 누구에게나 주어지는 선물은 아닌 것 같다. 나 역시 이러한 인사이트를 입사 3년 차에 바로 얻지는 못했다. 하고 싶은 일, 원하는 형태의 삶, 장기적 지향점이 분명하지 않았기 때문이다. 하지만 이런 사람들도 언젠가는 변화로 향해 난 길을 마주하게 된다. 기존 일에 열정을 쏟아붓다가 어느 시점에 변화의 필요를 느끼고 커리어 다음 단계로 넘어가는 경우다. 주변을 둘러보면 대부분 그 시기는 직장생활 10년 차 전후에 찾아오고는 한다.

그런데 이때 당신은 지금 하는 일을 전력으로 해왔는지를 생각해봐야 한다. 그리고 변화를 통해 새로운 발전의 가능성을 만들어낼 수 있는지도 따져봐야 한다. 맡은 일에 전력을 다했다면 당신은 분명 그 분야에서 뛰어난 역량을 만들어냈을 것이다. 나아가 당신이 만들어낸 성과에 힘입어 기업이 시장 내에서 뛰어난 성과를 올리고 있다면 당신은 시장을 이끄는 트렌드를 누구보다 잘 선도하는 인재로 인식될 것이다. 이는 승진, 이직, 창업과 같은 기회로 이어질 수 있다.

내가 SK에서 10년 차에 접어든 무렵 나의 열정과 에너지는 글로벌 시장을 대상으로 하는 사업의 개발과 실행에 맞춰져 있었다. 그러니 일하는 장소는 내게 그리 중요한 조건이 아니었다. 해외 기업으로 가서 일하면 글로벌 무대에서 더 많은 시도를 할 수 있었다. 나는 그곳에서 더 많이 배울 수 있을 거라 판단했고 위험 속으로 뛰어들기를 선택했다.

새로운 일터는 영국의 작은 스타트업이었다. 이 기업은 알리바바의 앤트그룹에 인수되었고 나는 어느 순간 영국과 중국 기업 환경에 모두 참여할 수 있었다. 급변하는 상황 속에서 업무 하나하나에 도전하며 내 역량을 키우는 데 힘을 집중하기에 유리했다. 나는 그때 큰 경험치를 축적했고 이는 지금도 직장생활에 큰 도움이 되어주고 있다.

내 동기인 이재호 님은 SK텔레콤, SK플래닛, 11번가, 제일기획을 두루 거치며 10년이 넘는 기간 동안 모바일 광고 사업 관련 경력을 쌓았다. 이후 쿠팡으로 옮겨 라이브 커머스를 구축하고 이를 기반으로 광고 사업을 전개했다. 지금은 글로벌 컨설팅 기업 베인앤컴퍼니Bain&Company에서 디지털 생태계에 관한 전략을 컨설팅하고 있다. 오랜 시간 그를 가까이서 지켜본 나는 그가 모바일 광고에 쏟은 열정이 얼마나 대단한지 알고 있다. 그렇게 성실하게 일하다 보니 이제 유수의 기업들이 그 노하우를 필요로 한다.

지금 회사의 동료인 김대현 님은 이랜드그룹에서 10년 동안 오프라인 리테일 시장에서 독보적인 경험을 쌓았다. 중국의 3선 도시에 새로운 백화점을 개점하고 성과를 만들어냈다. 거칠고 힘든 환경에서 사업을 개척한 것이다. 하지만 그 역시 세상의 변화에 더이상 지체할 수 없음을 깨닫게 되었다. 그가 주목한 건 온라인이었다. 그는 온라인 커머스의 대표 주자로 성장하고 있던 쿠팡으로 이직을 선택하고 매입 기반의 로켓 패션 사업을 이끌었다. 지금은 무신사의 29CM로 이직했다. 우리는 그의 선택에서도 공식을 발견할 수 있다. 하나의 영역에서 성실하게 경력을 쌓은 뒤 이를 활용하거나 확장할 수 있는 타 분야로 발을 뻗는 것이다. 그의 경우 오프라인 시장에서 이미 확보한 역량을 활용하여 온라인 커머스에서 새로운 역량을 개발했다. 오프라인과 온라인을 두루 관통하는 그의 역량이 대한민국의 리테일 업계를 발전시키고 있다.

사회 초년생 시절 동료들을 떠올려보면, 처음부터 분명한 목표와 계획을 세웠던 동료들은 입사 3년을 전후한 시점에 새로운 도전을 시작했다. 반면 맡겨진 일을 깊이 파고든 이들은 주로 10년을 전후한 시기에 도전을 시작했다. 둘 다 익숙한 분야를 벗어나는 위험한 선택이다. 하지만 위험한 길로 들어서지 않고는 변화에 대응할 방법이 없다는 점을 인지해야 한다.

안정만 추구하는 삶에 대해서 가혹하게 말하기는 어렵다. 일반적으로 대부분은 리스크를 최대한 피하고 삶의 안정을 도모하고자 한다. 하지만 확실한 건 기업도 변화를 직시하고 변화에 올라타서 자신만의 흐름을 만드는 사람들을 선호한다는 점이다. 내가 몇몇 회사에서 채용 업무를 볼 때, 한 회사에서 10년 이상 있었던 이들과는 면접에서 대화하기 어려운 경우가 많았다. 나도 여러 이직 제안을 받을 때 빠지지 않고 들었던 건 "당신이 SK에만 계속 있었다면 우리가 이러한 제안을 하지 않았을 거예요."라는 말이었다.

변화에 대한 두려움을 넘어서 이를 기회로 보고 도전하는 이들은 누구에게나 쉽게 주어지지 않는 자신감을 얻게 된다.

재밌는 점은 이 자신감이 그리 특별하거나 대단한 것이 아니라는 사실이다. 세상은 본래 늘 변하기 마련이고 이를 가장 민감하게 느끼는 집단인 기업이 요구하는, 변화 수용성을 갖추는 것일 뿐이다. 과연 당신은 변화에 대해 어떤 필로소피를 가지고 있는가? 이번 주말에는 이를 진지하게 고민해 보는 것은 어떨까?

15

부정당하지 않으면서
나만의 게임을 하는 사람들

변화는 남에게 잘 보이기 위한 행동이 아니다. 뭐라도 해야 할 것 같을 때 마지못해 추구해야 할 것도 아니다. 더 나은 실력을 갖추고, 이를 바탕으로 바뀐 환경에서도 지속적으로 가치를 창출하여 삶에 필요한 것들을 채우기 위해 위험을 감수하고서라도 변화를 추구해야 한다.

이 말속에는 여러 차원의 생각이 담겨 있다. 삶은 지속적으로 더 나아져야 한다. 필요한 것들을 스스로 충족할 수 있어야 한다. 이를 위해 가장 중요한 것 중 하나는 돈이다. 직장인의 경우 돈은 주로 직장생활을 통해서 벌고 모으게 된다. 이를 잘하기 위해서는 직장이 필요로 하는 가치를 만들어낼 수 있어야 한다. 그 가치는 상품과 서비스를 구매해줄 고객들이 원하는 것을 제공하는 능력이 창출한다. 이때 고객들이 원하는 것은 그들을 둘러싼 환경과 상황에 따라 끊임없이 변한다. 그러니 고객을 중심에 두고 일하는 직장인이라면 언제든 그 변화에 민감하게 귀를 기울이고, 변화의 흐름에 몸을 던질 수 있어야 한다.

이런 태도나 행동이 반복되고 지속될 때 결국 더 많은 임금을 주고서라도 붙잡고 싶은 인재로 구분되기 시작할 것이다. 이 단계에 이르면 회사와는 강한 신뢰가 형성된다. 이 신뢰가 우리를 주체적으로 생각하고 주도적으로 행동할 수 있도록 돕는다. 그렇게 행동해도 좋다는 암묵적인 지지가 바로 이 신뢰의 실체다. 당신이 주도적으로 창출한 성과는 더 많은 신뢰를 가져다줄 것이다. 이것이 직장인이 연봉을 높여갈 수 있는 최선의 방법이다.

하지만 큰 이변이 없는 한, 당신이 직장에 고용되어 일하는 시간은 전체 인생에 대비하면 길지 않다. 지속적인 변화와 성장을 추구하는 것이 은퇴 후의 삶을 대비하는 일과는 어떻게 연결될 수 있을까? 회사의 신뢰를 얻어 보상의 규모를 키우고, 그 신뢰를 회사 안팎으로 확대하면 시장에서 통하는 인재가 될 수 있다. 이 단계에 이르면 나의 소속은 중요한 것이 아니게 된다. 회사와 별개로 자신만의 일을 펼쳐나갈 수 있다.

황성현 님은 SK에서의 HR 경력을 시작으로 구글 미국 본사, 실리콘밸리의 스타트업 샵킥Shopkick, 카카오의 인사 총괄 부사장을 거쳤다. 그는 카카오를 나온 후 퀀텀인사이트를 창업했다. 수십 년 동안 HR 영역에서 갈고 닦아온 역량과 다양한 회사에서의 경험이 그를 시장 어디서든 통할 수 있는 인재로 만들었다. 그는 커리어를 자기 사업으로 확장하면서 은퇴라는 한계도 넘어섰다. 직장 안에서도 변화에 제대로 대응하며 지속적으로 가치를 만들어온 이들은 그 삶에서도 필요를 충족할 방법을 지속해서 만들어낸다.

아시아 최초로 아디다스의 글로벌 브랜드 디렉터를 역임한 강형근 님은 끊임없이 변화를 향해 몸을 던진 대표적인 인물이다. 직장생활이 안정권에 접어든 36세에 글로벌 시장에서의 핵심 역량인 영어 공부의 필요성을 절감했다. 일을 관두고 1년간 유학을 떠난 그는 이후 아디다스의 부름을 받고 복귀해서 부장, 총괄부장, 이사, 상무, 전무, 부사장으로 승진하며 승승장구했다. 그는 다섯 번의 월드컵과 다섯 번의 올림픽을 거치며 회사의 성장을 견인했고 55세가 되어서 아디다스를 떠났다. 이후에는 대학원에 진학하여 디지털 환경으로 전환된 시장의 급격한 변화를 이해하고자 노력했다. 이후 평균 임직원 연령 30대 초반의 소셜 마케팅 전문 기업 더에스엠씨 그룹에 합류하여 조직의 체계를 다잡고 전통 방식과 디지털 방식의 조화를 이끌어냈다. 지금은 자신의 이름을 딴 에이치케이앤컴퍼니HK&Company의 대표로서 새로운 도전을 이어가고 있다. 그에게도 역시나 은퇴는 선택 사항이 되었다. 그는 지금도 일할 때 절대 주도성과 주체성을 잃지 않는다.

앞서 말한 두 사람은 언제든 자신이 원하는 때에 적재적소에 필요한 이들과 가치를 만들고 돈을 벌 수 있다. 또 그들이 여기까지 올 수 있었던 데에는 이전에 훨씬 긴 기간 몸담았던 회사에서의 성과가 있었다. 그들은 계속해서 변화를 시도했다.

이와 같은 고민에는 아디다스도 없고, 은퇴도 없으며, 오직 자신의 삶 하나만 있는 법이다. 이제 스스로 생각할 차례다. 직장생활을 잘하고 싶은가? 은퇴 후의 삶도 잘 준비하고 싶은가? 이 둘은 결코 떼어 두고 생각할 일이 아니다. 직장생활을 통해 주체적인 생각을 키우고 주도하는 힘을 갖출 때 비로소 회사에 제한되지 않는 자신만의 가치로 세상과 소통할 수 있다. 직장생활을 통해 시장에서 신뢰를 쌓아 자기 실력에 대한 수요를 만들어야 은퇴 이후도 걱정 없는 든든한 기반이 만들어진다. 이 단계로 나아가는 것이 남이 정한 은퇴 시점에 구속되지 않는 방법이다. 필요할 때 언제라도 가치를 만들어 돈을 벌 수 있는 확실한 길이다.

CHAPTER 3

실력의 필로소피

직급 불문 나만의 게임을 펼치는 비밀

```
16  ▬  ☐
```

실력은
영향력이다

1, 2장에서 조직의 일원으로서 목표와 지표를 세우고, 삶의 주체로서 성취에 대한 기록을 남기고 당신이 성장을 위해 챙겨야 할 요소에 대해 살펴보았다. 우리는 필요한 것들을 얻어내기 위해 이런 방법론을 찾고 실행해 실력을 증진한다. 그렇다면 실력을 증진함으로써 실질적으로 얻게 되는 것은 무엇일까?

1. 일과 삶에 대한 통제력이 높아진다.

업무 시 내가 무엇을 하고 있고 무엇을 해야 하는지 안다면, 또 업무를 통해 도출된 결과에서 무엇을 내세우고 무엇을 보완해야 할지 안다면, 당신은 통제력을 얻을 수 있게 된다. 이는 일뿐만 아니라 삶에서도 마찬가지다. 주변의 실력 있는 자들, 혹은 실력을 증명하여 리더가 된 자들은 일과 조직에 높은 통제력을 갖기 마련이다. 그리고 그 정점에는 비전, 미션, 목표 등을 정하는 CEO가 있다. CEO는 회사의 모든 것을 속속들이 알아야 하고 시장에 대응하여 조직의 변화를 주도하거나 결정할 수 있어야 한다. 그래서 회사 내에서 가장 높은 통제력을 갖게 된다.

JYP엔터테인먼트의 박진영 님이 30년에 가까운 시간 동안 현역 가수로서, 세계적으로 성공한 기획자로서 지금과 같은 큰 영향력을 키운 데도 역시 자신이 무엇을 하고 싶은지, 어떻게 살고 싶은지에 대한 끊임없는 탐구가 있었을 것이다. 그는 커리어의 모든 순간에 무엇을 하고 하지 말아야 하는지, 그것을 위해 자신이 무엇에 집중하고 무엇을 절제해야 하는지 제대로 파악했을 것이다. 이처럼 알고 행하고 바꾸는 등 모든 실력 행사 활동을 통해 일과 삶의 통제력을 높일 수 있다.

2. 행동의 유효성이 커진다.

실력은 행동에 유효성을 부여한다. 무엇을 해야 할지 아는 것은 무엇을 해야 유효할지 아는 것과도 같다. 실력이 곧 유효성을 만든다는 사실을 가장 잘 보여주는 사람은 나의 상사인 박준영 님이다. 내가 그를 보며 가장 많이 하는 생각은 하나다. '어떻게 저렇게 많은 일을 다 해내고 있지?' 그가 담당하는 업무는 패션, 라이프스타일, 위탁 사업, 매입 사업, 온오프라인 판매, 투자, 백화점 입점 모델 운영, 그룹과의 협업 등 끝이 없다. 하나하나의 규모도 크다. 그는 누구보다 일찍 출근하며 성실하고 열정적이다. 하지만 그것만으로 설명할 수 없을 정도의 업무량을 수행한다.

그런데 잘 보니 그의 모든 행동에는 유효성이 있었다. 그는 꼭 필요한 일에 꼭 필요한 자원과 에너지를 쏟아 유효성을 높였다. 그래서 같은 시간을 일해도 보통 사람보다 훨씬 많은 역할을 해냈다. 그는 목표와 지표, 자기 삶에 대한 기록으로 대변할 수 있는, 삶에 대한 높은 통제력을 갖추고 있었다. 업무에 기여하지 않는 불필요한 일을 하며 시간을 허비하지 않았다. 그가 축구 선수였다면 쏘는 슛마다 유효 슈팅이거나 골이 들어가는 결정력 높은 스트라이커였을 것이다.

3. 협상력이 높아진다.

박준영 님과 같은 수준에 이르면 내뱉는 말 한마디, 제안하는 솔루션 하나하나가 회사에는 중요해진다. 이는 박준영 님의 협상력을 높인다. 높은 협상력이 무엇인가? 바로 개인의 지향점, 꿈과 목표를 구현할 힘이다. 만약 조직에서 이런 방향성이 큰 성과로 이어진다면 더 큰 보상이 주어질 것이다. 이는 한 직장인으로서 가닿을 수 있는 가장 높은 수준의 성장이다.

당신은 성장을 적극적으로 활용해야 한다. 자신이 하는 일의 목적을 이해하자. 그리고 과정을 주체적으로 정하고 통제하여 주도권을 높이자. 이를 바탕으로 더 많은 일에 도전하자. 실력을 키워 협상력을 높이자. 높아진 협상력을 활용하여 더 주도적으로 일을 만들고, 돌아올 보상을 키우자. 이것이 삶을 자유롭고 독립적인 형태로 건설할 수 있는 길이다.

17

거듭 제안하며
나를 각인시켜라

삶과 일에 대한 통제력을 바탕으로 행동의 유효성과 협상력을 키웠다면 이제 제안을 시작해야 한다. 제안은 의견을 내는 행위다. 이 간단한 행위는 생각을 담고 있기에 중요하다. 생각은 제안자만의 시선을 투영한다. 어떤 식으로든 상대의 생각을 확장하는 데 도움을 줄 여지가 높다. 잘 제안하는 사람들은 좋은 평가를 받는다. 당신이 위를 향해서든 아래를 향해서든, 적극적으로 제안해야 하는 이유다.

가령 어떤 조직에서 매주 지나치게 잦은 회식이 진행된다고 해보자. 부서장은 회식이 조직 내 단합을 끌어낼 거라 생각한다. 이에 대해 구성원 대부분이 불만을 갖고 심지어 누군가는 심각하게 조직 이동이나 이직을 고민하고 있다. 하지만 누구도 공식적으로 부서장에게 이의를 제기하지 않는다.

이때 A가 조직 내 소통 및 단합 개선의 방법을 부서장과 동료들에게 제안했다. 먼저 그는 잦은 회식이 단합과 친목을 위한 것이었다는 점을 밝혔다. 그러면서 동시에 직원들의 고충도 함께 언급했다. 지금과 같은 방법을 강행하면 조직 이탈자가 생기고 사기가 떨어지고 상호 단합도 약해질 위험성에 대해 공유했다. 원치 않는 자리에 참여하는 일 자체로 사기가 저하되고, 아무렇지 않은 척 이야기 나누는 서로를 보며 불편한 기분을 느끼게 되고, 개인 휴식 시간이 줄어들어 에너지가 소모되고, 결과적으로 단합에 부정적인 효과가 생길 것이라 말했다. 이를 들은 부서장은 매우 놀랐다. 그 누구도 자기에게 반하는 의견을 말하지 않았기 때문이다.

부서장은 문제의 심각성을 깨달았고 문제를 어떻게 해결해야 할지 더 듣고 싶었다. A는 다음과 같이 제안했다. 분기, 또는 반기에 한 번씩 워크숍을 진행하는 정도로 단합하는 자리를 만들자고 했다. 이때는 각자가 상반기 또는 하반기에 했던 일들을 회고하고, 다음 6개월 동안 집중할 일에 대한 계획,

조직에 요청하고 싶은 사항들을 공유하자고 했다. 그러고 맛있는 음식을 먹으며 편안한 식사 자리를 갖는 것이다. 워크숍을 위한 시간과 비용이 따로 들겠지만 매주 치르던 회식 시간을 빼면 시간은 충분히 마련할 수 있다는 말도 덧붙였다. 서로의 업무를 깊이 있게 논의할 기회도 생기고 또 각 개인이 충분히 휴식을 취하고 회복할 수 있게 되어 업무에도 결국 도움이 될 것이라는 점도 강조했다.

부서장은 이 제안에 동의했다. 특히 이러한 제안을 먼저 해준 A에게 큰 감사를 전했다. 부서장은 그의 제안을 그대로 따랐다. 구성원들도 불만을 누그러뜨렸고, 일을 위해 필요한 것들을 공유하고 요구하기 시작했으며, 업무 종료 후에는 개인 영역을 돌보는 데에 더 많은 시간을 쓰기 시작했다. 결과적으로 조직 전체의 만족도도 올라갔다.

너무 뻔하고 쉬운 이야기로 보이는가? 짜임새 있게 잘 정리된 기획안과 보고서만이 직장에서 받아들여지는 건 아니다. A의 제안은 부서장의 관점을 바꾸는 데 긍정적인 역할을 했다. 제안은 누군가의 관점을 바꾸고 설득할 수 있다면 어떤 형태여도 상관없다.

조직이 커질수록 리더 한 사람이 모든 것을 다 깊이 알고, 실행하고, 관리하기는 어렵다. 리더는 다양한 사람을 고용하여 이를 보완한다. 이를 위해 조직이 흔히 취하는 방식이 바로 중간 관리자를 두고 일을 구조화하는 것이다. 이때 중간 관리자가 회사의 비전과 미션에 맞게 알아서 고민해주고, 알아서 일하는 것이 회사에는 중요하다. 이런 위임이 잘 되는 조직에서 원활한 것이 바로 공유와 제안이다. 일의 진행 과정과 보완점을 투명하게 공유하는 조직의 성장 가능성이 당연히 크다. 조직의 규모가 커질 때, 또는 조직에 위기가 닥쳤을 때는 이것이 더더욱 중요하다. 그래서 리더도 먼저 제안해주는 이들이 귀하고 소중할 수밖에 없다. 그러니 회사 안에서 자신의 가치를 높이기 위한 핵심 전략은 제안이다. 부서장에게 문제를 공유하고 개선 방안을 제안한 A가 그랬듯이 말이다.

제안은 구성원 개개인의 아이디어가 새로운 기회로 이어지게 만든다. 자유로운 소통이 업무 환경을 개선해 생산성을 높일 수도 있다. 무엇보다도 자칫 시선이 경직될 수 있는 리더, 나아가 회사 조직 전체에 제안은 신선한 자극이 된다. 리더들은 이런 필요를 채워주는 직원을 더 높이 평가할 것이다.

그러나 제안의 중요성에도 불구하고 실제 조직의 문화와 분위기에 따라서는 마음껏 의견을 내기 어려운 경우도 있다. 아무리 좋은 의견을 가지고 있어도, 잘못된 것이 눈에 보인다고 해도 이를 권위에 대한 도전으로 여기는 문화를 가진 조직도 존재하기 때문이다. 그러나 이러한 상황에서도 제안을 통해 지속해서 자신의 생각을 꺼내고, 검증하고, 이를 바탕으로 실행하여 역량을 키우는 것은 실력을 키우고 리더로 성장해 가는 데에 필수적이다. 제안 자체에 대한 의지를 놓아서는 안 된다. 이런 환경에 처한 이들에게는 특별한 접근법이 필요하다.

1. 일의 방법을 제안하라.

조직의 위계가 강하고 구성원이 의견을 내는 것을 선호하지 않는 문화가 강한 곳일수록 먼저 제안의 소재로 삼아야 할 영역은 바로 '일의 방법'이다. 일의 방법을 제안한다는 것은 회사와 조직에 도전하는 것이 아니다. 오히려 이를 공감하고 수용한 상태에서 어떻게 하면 더 잘 수행할 수 있을지 얘기하는 것이다.

예를 들어 영업 조직에서 일하는 당신에게 열흘 후까지 이번에 출시된 신제품의 마케팅 계획을 수립하라는 업무가 맡겨졌다고 하자. 당신에게 업무를 지시한 상사는 신제품의 초기 3달간의 매출 목표를 전달하며 마케팅 조직과의 미팅을 통해 달성 계획을 수립해달라고 요청했다. 이때 당신은 지시를 실행하는 방법을 직접 강구해볼 수 있다.

당신은 복수 부서와 업무별로 미팅을 진행했으면 한다고 상사에게 제안할 수 있다. 신제품의 핵심 메시지를 정하기 위해 브랜드 메시지를 담당하는 조직과, 판매를 위해서는 온라인 판매 채널 제휴와 운영을 담당하는 조직과, 광고를 집행하기 위해 퍼포먼스 마케팅 조직과, 오프라인 판매를 진행하기 위해 백화점과 쇼핑몰 채널을 담당하는 조직과 미팅을 진행할 수 있다.

그러면 당신은 상사에게 그가 지시한 것 이상을 제안하게 된다. 이는 철저하게 일의 방법을 확장하는 제안이다. 상사의 권위에 도전하지 않고 지시를 주도적으로 수행하는 목적 지향적인 제안이다. 당신이 제안한 방법에 상사가 동의하는 순간, 당신은 다른 조직과 소통하고 그들의 지원과 협력을 끌어낼 수 있는 명분을 얻게 된다. 또 상사와 제안의 실행에 대한 책임을 분담할 수도 있다.

2. 문제를 제안하라.

다음 제안의 소재는 '문제'다. 이때 당신이 설정한 문제는 회사와 조직의 입장에서도 문제여야 한다. 앞뒤 없이 "우리 회사는 이것이 문제다."라는 단순한 불평 식의 문제 제기는 지양해야 한다. 아직 조직적 차원에서 언급되지 않았거나, 관찰되지 않은 문제가 있다면 이를 먼저 제안하여 상황을 개선할 수 있다.

당신의 상사가 내년도 사업 계획을 수립하기 위해 국내 20~30대 직장인들의 소비 시장을 분석해 달라고 요청했다. 이때 회사가 오프라인 기반 사업을 진행하고 있다면 지역별 직장인들의 시장 특성이 다를 수 있기에 특정 지역 기반의 조사를 제안할 수도 있다. 아니면 연봉에 따른 소비 특성이 다를 수도 있기에 그에 따른 조사 진행을 제안할 수도 있다. 나아가 내년 사업 계획을 수립하고 지금은 직장인이 아니지만, 곧 직장인이 될 수 있는 잠재적인 소비층인 대학생, 특히 3, 4학년들의 주된 소비 특성을 파악하자고 제안할 수 있다. 이것이 바로 문제를 제안하는 것이다.

회사는 당신의 제안을 통해 잠재적으로는 존재하나 관심을 기울이고 있지 않던 새로운 시장의 정보를 탐색해볼 것이다.

3. 새로운 일을 제안하라.

권위적인 조직에서도 위의 방법을 통해 신뢰를 쌓고 생산적인 논의를 거쳤다면 종국에는 새로운 일을 제안해야 한다. 그것은 조직 운영 프로그램이 될 수도, 다른 기업과의 제휴가 될 수도 있다. 새로운 사업 진출이 될 수도, 유통 채널 확장이 될 수도 있다. 당신이 제안한 일을 회사가 시행하는 빈도가 높아질수록 당신에게 돌아오는 보상도 커질 것이다. 사업이 성공적으로 확장된다면 시장에서 더 큰 지배력을 가진 회사에서 당신을 스카웃할 수도 있다.

이렇게 제안을 거듭하며 제안의 수위를 조정하고 소통하는 과정을 통해 당신은 확실한 성장을 달성할 수 있을 것이다.

18

지원의 초격차를
만드는 법

생각하는 힘을 키우고 제안을 거듭하며, 실력을 키우고 성장하면 일을 잘하게 된다. 그런데 일을 잘하면 무엇이 달라질까? 나는 3가지가 달라진다고 생각한다.

1. 일을 잘할수록 일의 속도가 빨라진다.

일의 속도가 빨라진다는 것은 생산성이 올라간다는 말이다.

같은 일도 더 빨리 마무리하면 시장과 고객을 선점할 수 있다. 다른 일을 더 할 수 있는 시간적 여유가 생긴다. 그런데 조직적인 관점에서 이를 어떻게 바라볼 수 있을까? 일정 규모 이상의 조직을 갖추고 일하는 회사에서 나의 속도는 협업하는 동료들이 포함된 일의 속도에 직접적인 영향을 준다. 내가 맡은 일을 빠르게 수행해내는 것은 협업자들의 업무 속도를 높이는 것과 같다. 내가 느리게 일하면 일 전체의 속도가 느려지고 협업자들이 발목 잡히는 일이 발생할 수도 있다. 이는 협업자들에게도 해당하는 얘기다. 그러니 당신이 협업자들에게 지시할 수 있는 위치에 있다면, 그들의 생산성을 높이는 시스템을 강구해야 한다.

SK에서 일할 때 CEO와 출장 가는 일이 빈번했다. 나의 역할은 CEO의 모든 업무가 적시에 잘 진행될 수 있도록 관리하는 일이었다. 미국, 유럽, 아시아 각지에 매달 두세 차례 출장을 나갔다. 출장 준비와 실제 수행, 출장 이후까지를 챙기느라 여유가 없었다. 하지만 아무리 늦어도 미팅 당일에 내용을 모두 정리하여 한국에 있는 유관 부서 임원들에게 전파하는 일만은 놓치지 않았다. 사실 하루 정도 전파가 늦어도 뭐라고 할 사람이 없었고, 심지어 출장 종료 후 귀국하여 얼굴 보며 대화를 나눠도 괜찮았다. 그러나 회사의 CEO가 추진하는 업무의 중요도를 보았을 때, 그 일의 추진 속도 또한 중요했다. 조금 과장하여 말하면 나의 업무 속도가 CEO의 업무 속도에 그대로 영향을 미친다고 생각했다. 그러니 시차에 적응하지 못했더라도 업무를 정리하여 필요한 이들에게 전달하지 않고는 잠들 수 없었다. 그렇게 약 3년간 100회 이상의 출장을 함께하며 당시 CEO가 추진한 업무는 해외 사업 진출과 법인 설립, 합작 투자, 기업 인수 등 다양한 형태로 실현되었다.

2. 일을 잘할수록 일의 유효성이 높아진다.

일의 유효성이 높아진다는 것은 하는 일마다 잘 될 확률이 커진다는 뜻이다. 일의 방법론을 강화하고 실행의 유효성을 높이려면 업무의 목표가 무엇인지, 이를 달성하기 위해 해야 할 것이 무언인지를 알아야 한다. 일의 유효성이 높은 직원들은 타석에 들어설 때마다 몇 번의 스윙 없이 안타를 때리는 비율이 높은 타자와도 같다. 헛된 노력을 쏟거나 무의미한 행동을 쉽게 하지 않는다. 이를 위해서는 회사가 무엇을 원하는지 제대로 알아야 한다. 먼저 여러 부서가 서로 다른 기능과 역할을 하도록 설계된 조직의 맥락 속에서 자신의 위치와 역할을 파악하자. 업무의 실행과 결과를 추적하기 위해 지표를 참고하고 부족한 지표를 거듭 보완하며 지속해서 일에 대한 통제력을 높여갈 수 있어야 한다.

만약 실망스러운 결과나 시행착오가 반복되다가 보완의 여지가 없다는 판단이 든다면 매몰 비용을 감수하고 업무를 중단할 줄도 알아야 한다. 또 여러 지표를 고려했을 때 좋은 성과가 보이는 업무는 빠르게 수행해볼 수 있어야 한다. 일의 유효성을 높이기 위해서는 결단력이 필요하다.

29CM에서 새로운 프로젝트에 돌입할 때마다 가장 많은 시간을 들이는 부분이 다음과 같이 목표와 지표를 잡고 실행 액션을 구체화하는 것이다.

- 최상위 단계의 목표

우리는 여성 디자이너 패션에서 1위 사업자가 된다

(2020년 ○월까지)

- 차상위 단계의 목표

1) 기간 내에 여성 디자이너 패션 카테고리 거래액을 ○○원까지 확대한다

2) 기간 내에 여성 디자이너 패션 카테고리 상품을 구매하는 고객 수를 ○○명으로 확대한다

3) 기간 내에 여성 디자이너 패션 내에서 29CM에 대한 인지도를 확대한다

- 목표를 달성하기 위한 실행 계획

1) 거래액 성장을 위해 타깃팅하는 브랜드와 제품을 확보하고 이를 중심으로 큐레이션된 기획전을 다수 진행한다. 각 기획전마다 최소 ○○원 이상의 거래액을 달성한다

2) 고객 지표의 성장을 위해 브랜드 검색을 강화하고 고객이 쇼핑 동선상에서 29CM를 찾을 수 있게 한다

3) 인지도 성장을 위해 영상을 기반으로 하는 브랜드 캠페인을 일정 기간 진행하고 SNS를 통한 소통을 좋아요 ○○개 만큼 강화한다

이중 어떤 요소들은 실행 비용이 너무 크게 소요돼서 효율성을 확보하기 어렵다. 또 어떤 요소들은 결과를 확인할 지표가 불분명한 경우도 있다. 그래서 프로젝트 진행 시 어떤 지표가 얼마나 유효한지를 수시로 판단하여 실행의 내용을 즉각적으로 전환하는 일이 중요하다. 이때 목표에 맞추어 잘 설계된 실행 계획과 이를 반영한 지표, 그리고 그 효과에 대한 판

단 기준이 사전에 잘 마련되었다면 판단이 쉬워진다.

3. 더 많은 자원을 받게 된다.

일을 잘할수록 업무에 대한 회사의 인적·물적 지원은 늘어난다. 대부분 잘나가는 사람이 수행하는 큰 가치와 영향을 만들어내는 일은 남들이 아직 하지 않은 일, 어렵고 복잡한 문제를 해결하는 일이다. 이러한 일에는 보통 더 많은 자원이 필요하다. 당신 옆에 인력이 붙는다면 이는 회사가 실력을 인정한다는 확실한 신호다. 혼자 할 수 있는 일 이상을 하고 있다는 뜻이다. 회사가 당신을 팀을 이끌 리더로 간주하고 있을 수도 있다. 그렇다면 더 큰 문제를 해결하고 더 크게 성장하는 선순환을 발생시키는 지원의 초격차를 만드는 비법은 무엇일까?

첫째, 시장의 규모가 지원의 규모를 결정한다. 시장이 충분히 커서 기회가 많다는 사실을 내세우자. 여기서 말하는 기회는 직설적으로 말하면 벌어들일 수 있는 돈이다. 회사를 설득할 때는 최대한 객관적이고 상세한 조사를 통해 이 기회를 데이터로 설명할 수 있어야 한다.

둘째, 업무를 회사의 핵심 역량과의 연결하라. 아무리 좋은 먹거리라도 그것이 회사가 여태 해보지 않은 생소한 일이라면, 그만큼 리스크 관리가 어려워질 수 있다. 새로운 시장을 개척한다고 해도 기존에 회사가 가진 역량을 발휘할 수 있는 영역이라면 회사도 조금 더 열린 태도로 제안을 들여다볼 수 있게 된다.

셋째, 고객의 불편을 잡고 늘어져라. 고객의 불편을 개선하는 일은 보통 더 많은 고객 확보로 이어진다. 또 불편의 개선은 성장이 요원한 시장에 새로운 기회를 창출하는 트리거로 작용하는 경우가 많다.

나는 쿠팡에서 다음과 같은 방법으로 지원의 초격차를 만들었다. 국내 패션 산업은 약 40조 원 규모고 당시 쿠팡이 패션 영역에서 벌어들이는 돈은 그에 훨씬 못 미쳤기 때문에 쿠팡은 패션 산업에서 성장의 기회를 모색할 수 있었다. 이미 구축한 로켓배송 물류망은 패션 상품을 빠르게 배송할 기반을 마련해두고 있었다. 거기에 온라인으로 패션 상품을 구매하는 고객이 지속해서 늘었지만, 상품 가격대의 다양성, 물류 효율을 확보하지 못하고 있었다. 나는 이를 개선함으로써 큰 지원을 받을 수 있었다. 패션 사업에 투입되는 매입 예산의 규모, 물류 창고 내 사용 공간, 인력이 늘었다.

19 ▬ ▢

일했다고
착각하지 마라

어떤 일은 생각처럼 잘 진행되지 않는다. 실패할 수도 있다. 성과로 평가받는 직장인들에게 이는 고통스러운 순간이다. 성과를 만들지 못한 것은 능력을 증명하지 못한 것이다. 그런데 열심히 일하는데도 불구하고 당신에게 성과가 없다면 왜 그런 걸까? 영어 공부를 열심히 하는데 말문이 트이지 않는다면 애초에 그 공부 방법이 잘못됐을 확률이 높다. 맥락과 상황에 맞는 문장과 말을 구사하는 데 초점을 맞추지 않고 그저 단어만 외우고 문법만 공부하면서 영어를 공부한다고 착각했을 수도 있다. 열심히 했는데 성과가 나지 않는다면 일하는 방법을 점검해볼 필요가 있다. 아래 4가지 요소를 점검하고 개선하는 것만으로도 더 나은 성과를 얻을 수 있다.

진짜 일

보고서 작성도, 긴 회의도, 내부 소통도, 실행 계획과 전략의 수립도 실은 진짜 일이 아니다. 당신이 다루는 상품과 서비스가 최종 목적지인 고객과 파트너에게 도달하기 전까지의 모든 일은 진짜 일을 하기 위한 사전 단계, 또는 준비 단계다. 진짜 일은 실질적인 가치가 교환되면서 결제가 이루어지는 순간에 벌어진다. 방대한 보고서를 만들고, 늘 가장 많은 회의를 소화하고, 멋진 전략과 계획을 수립하는 일을 도맡아 하지만, 결과물이 고객에게 전달되는 단계까지 나아가지 못한다면 당신은 가짜 성과를 내는 것이다. 본인의 업무가 실제 시장에서 어떻게 발현되는지 몰라서 불만이고 상황이 개선되지 않는다면 당장 그 부서를 떠나야 한다.

　나도 성과가 나지 않아 속앓이할 때가 있었다. 대기업의 직원으로서 상사들이 맡기는 일을 열심히 했지만 일하는 이유나 목적을 알 수 없을 때도 많았다. 내가 일한 첫 번째 팀에서 유독 두어 명의 선배들은 내가 이해하기도, 감을 잡기도 어려운 일을 시켰다. 기한 내에 단순한 작업을 완수하는 게 목표 아닌 목표가 됐다. 지나고 돌아보니 모두 그들이 해야 했던 일 중 직접 하기 번거로운 일을 내게 넘긴 것에 가까웠다. 상황은 내가 모바일 지갑 프로젝트에 참여하게 되면서 해결되었다. 그전의 답답함 때문이었는지 나는 이 프로젝트에서 모든 일의 맥락에 참여했다. 계획과 실행의 주체로서 실제 고객과 비즈니스 파트너를 상대하는 일의 앞 단에 주도적으로 섰다. 당연히 일은 그 전보다 훨씬 재밌었다. 나는 자연스레 성과를 만들고 있었다.

그것은 어제의 성공 방식일 뿐이다

오늘은 오늘에 맞는 성공 방식을 찾아내야 한다. 성공을 만드는 데 필요한 모든 요소가 계속 변하기 때문이다. 지상파 드라마의 성공 공식을 넷플릭스 오리지널 시리즈에 적용해서는 안 되고, 유튜브 성공 공식을 틱톡 영상 제작에 적용해서는 소용이 없는 것처럼 말이다. "라떼는 말이야."의 숨겨진 위험은 단순히 꼰대 같은 말투나 행동에 있는 것이 아니다. 이는 어제의 방식을 오늘에도 대입함으로써 문제를 해결할 능력을 상실할 가능성에 있다. 지금처럼 변화가 빠른 시기의 문제는 오늘의 맥락을 가지고 해결해야 유의미한 성과로 이어진다.

2012년 말에 11번가는 해외 시장으로 진출하기 시작했다. 당시는 온라인 쇼핑 태동기였고 그나마 미국, 유럽, 중국 정도를 제외하고는 온라인 마켓 플레이스를 보유하지 못했다. 이를 기회로 본 11번가는 시장이 태동하고 있으면서도 아직 지배적인 사업자가 없는 나라, 그러면서도 한국과 지리적 문화적 거리가 너무 멀지 않은 나라를 대상으로 사업의 해외 확장을 추진했다. 나는 CEO를 도와 일에 참여하고 있었다. 11번가는 튀르키예, 인도네시아, 말레이시아, 태국에 각각 출시됐고 바로 폭발적인 시장 반응을 얻었다. 한국에서 쌓은 노하우들을 쏟아부어 성과를 만들었다.

그런데 얼마 지나지 않아 2015년 싱가포르의 한 게임 회사가 온라인 마켓 플레이스를 론칭하며 동남아 주요 국가에 진출하기 시작했다. 2016년에는 알리바바그룹이 공격적으로 같은 시장에 진출했다. 머지않아 아마존 같은 기업도 시장에 들어왔다. 동남아시아는 순식간에 글로벌 격전지로 떠올랐다. 11번가도 경쟁력을 강화하기 위한 다양한 방법을 모색했다.

그러나 이제는 고객을 많이 확보한다고 이기는 게임이 아니게 되었다. 누가 더 많은 자본을 더 오래 쏟아부을 수 있는가가 관건이었다. 성공 공식이 달라진 것이다. 압도적으로 쾌적한 물류와 경쟁자를 압도하는 고객 혜택, 편익이 필요했다. 한국에서 11번가의 성장 방식을 고스란히 대입하는 것만으로도 어느 정도 성과를 만들어낼 수 있었던 어제는 사라졌다.

함께 만든 성과의 규모는 크다

문제의 규모가 클수록 혼자 해결할 가능성은 낮아진다. 이때는 함께 문제를 풀어야 한다. 큰 문제를 풀수록 성과도, 보상도 커진다. 그러니 성장을 위해서는 되도록 함께 해결해야만 하는 일로 시선을 돌리고 사람을 모아 일을 주도해야 한다. 회사는 함께 모여 문제를 풀고 가치를 만들기 위해 생겨난 집단이다. 그 누구도 갓 입사한 신입 사원에게 복잡한 문제의 해결을 요구하지 않는다. 하지만 그 누구도 혼자서만 일하는 10년차 직장인을 보고 "저 사람 참 일 잘한다."고 말하지 않는 법이다. 그러니 상위 조직에서 협업이 필요한 일을 맡기지 않더라도 스스로 복잡한 문제를 향해 달려드는 적극성을 갖추어야 한다.

　지금 29CM에서 내가 하는 일 중 하나는 특정 카테고리의 압도적 시장 경쟁력을 확보하기 위해 회사의 타부서와 협력을 도모하는 것이다. 회사는 항상 시장에서 더 큰 문제를 해결하기 위해 협력을 장려한다. 나 또한 협력을 이끌 수 있는 역량을 키우고 이전에는 엄두도 내지 못했던 크고 복잡한 문제 해결에 정진하면서 생각의 틀을 부수고 무언가를 배우며 계속 성장한다.

업무를 복기하라

복기는 당신이 다음 업무에서 더 나은 행동을 할 수 있게 도울 것이다. 오랜 기간 성과가 창출되지 않는데 자기 일을 복기해보지도 않는다면 당신은 둘 중 하나의 상황에 놓여 있을 가능성이 크다. 회사가 당신의 성과를 평가하는 데 관심이 없거나, 스스로 성과를 창출하지 못한다는 사실을 모르거나. 그러나 자본주의 사회의 회사에서 두 상황이 지속되는 경우는 거의 없다. 혹 그 회사에서 오래 버티더라도 이직이 필요해지는 시점에 경쟁력이 떨어지는 당신을 아무도 원하지 않을 수 있다.

29CM에서 일하다 보면 모든 일이 계획대로 진행되지는 않는다. 특정 카테고리에 새로운 고객을 확보하는 일도, 그렇게 확보한 고객이 다시 29CM를 찾게 만드는 일도 모두 의도와는 다른 결과가 도출되는 경우가 많다. 그럴 때일수록 우리는 무엇이 가정대로 작동했고, 무엇이 그렇지 못했는지를 들여다봐야 한다. 보완점을 하나씩만이라도 찾아보자. 그리고 이를 다음 업무에 반영해보자. 어느새 정체된 상황을 돌파한 자신을 발견하게 될 것이다.

20

슬럼프에 대처하는
최선의 방법

아무리 많은 자기계발서를 읽어도 실행하지 않으면 소용이 없다. 물론 성공한 사람들의 성공 공식을 똑같이 실행한다고 해서 성공할 수 있는 것도 아니다. 하지만 해보지 않고는 어떤 결과가 도출될지 아무도 모른다. 내 삶을 주체적으로 바꿀 수 있는 방법은 실행뿐이다. 그런데 때로는 이런 부담이 느닷없는 슬럼프로 이어지는 경우도 있다. 사실 직장인이라면 누구나 한두 번씩 슬럼프를 겪곤 한다. 문제는 이것이 너무 갑작스레 찾아와 삶을 뒤흔든다는 데 있다. 의욕이 저하되고 성과가 나빠지고 그래서 또 의욕이 저하되는 악순환으로 이어진다. 이런 슬럼프는 어떻게 대처해야 할까? 먼저 주변 환경의 변화를 살펴야 한다.

갑작스레 업무가 바뀌었는가? 회사의 상황이 바뀌었는가? 업황이 급격히 나빠졌는가? 임무 완수에 실패했는가? 그렇다면 상황에 적절히 반응할 수 있다. 업무가 바뀌었으면 새로운 환경에 적응하기 위해 공부하면 된다. 회사의 상황이 바뀌었다면 그에 맞춰 업무 방식을 바꾸거나 이직을 고려해야 한다. 업황이 어렵다면 버틸지 업종을 바꿀지 결정해야 한다. 임무를 완수하지 못했다면 업무를 복기하여 다음 업무에서 보완하면 된다. 이처럼 슬럼프의 원인을 파악하고 있다면 상황이 흘러가길 기다리며 발을 동동 굴러서는 안 된다. 즉각적으로 문제를 해결하기 위해 분투해야 한다.

그런데 슬럼프의 원인을 모를 때는 어떻게 해야 할까? 갑자기 출근하기가 싫어지고, 일이 힘들고, 사람들이 불편해질 때, 그리고 모든 것이 부질없고 무가치하다고 느낄 때 어떻게 대응해야 할까? 나는 이럴 때야말로 바로 내면 깊숙한 곳을 들여다보아야 한다고 생각한다. 그것이 무엇이 되었든 부정적이고 무기력한 정서의 근원에는 언제나 내가 있기 때문이다. 아래와 같은 질문 리스트에 답해보기를 권장한다.

슬럼프 자가진단

- 회사에 만족하지 못하는가?

- 인정받지 못하는 기술과 능력이 있는가?

- 동료들과 함께 일하기 불편한가?

- 성취감을 느낀 지 오래되었는가?

- 일의 의미를 찾지 못하는가?

- 멍때리는 시간이 많은가?

만약 3개 이상 해당한다면 슬럼프일 가능성이 크다. 당신은 해당하는 질문에 대해 그 이유를 반문해보아야 한다. 반문을 통해 내가 회사에서 무엇과 조화하고 불화하는지 파악해보는 것이다. 그런 다음 조화를 강화하고 불화를 개선할 방법을 생각해보자. 이를 위해 어떤 도움이 필요한지도 알아볼 필요가 있다.

또 다른 슬럼프 유형은 이런 것이다. 어느 순간부터 회사가 당신의 이야기에 귀를 기울이지 않는다고 가정하자. 존재감은 점점 약해지고 아무도 당신의 생각을 궁금해하지 않음에 따라 당신은 자신이 회사에 불필요한 존재가 되었다고 느낀다. 이제 당신은 이직의 기회를 모색할 것이다. 이때에도 왜 회사가 당신의 이야기에 귀를 기울이지 않는지, 원인을 자기로부터 찾아보아야 한다. 회의에서 너무 자주 특수하고 주관적인 의견을 제시한 것은 아닌지, 또는 회사의 목표와 동떨어진 이상적인 소리만 해왔던 것은 아닌지, 그도 아니면 정작 말은 많이 했지만, 실행은 부족했던 것은 아닌지 생각해보는 것이다. 만약 의견의 객관성이 문제였다면 자료를 논리적으로 분석하고 이를 데이터로 뒷받침하여 의견을 꺼낼 수 있다. 목표와 관련성이 적은 의견을 제시했다면 목표 지향적인 일들에 시간과 에너지를 쏟아야 한다. 실행에 게을렀다면 말을 줄이고 주장한 바를 실행하는 데에 노력을 기울일 수 있다.

앤트그룹에서 일하던 당시 내가 가장 어려움을 겪었던 상황 또한 이와 그리 다르지 않다. 나는 해외 자금 수취를 위한 가상 계좌 솔루션을 한국 기업과 사업자들에게 제공하는 사업의 확대를 위해 팔방으로 뛰어다녔다. 국내 대형 은행 두세 곳과 협력을 합의하고 이를 위해 제품(모바일 앱과 온라인 웹사이트) 차원의 기획까지 마무리했다. 홍콩에 있던 아시아 전역의 사업 책임자와도 계획을 논의하기 시작하던 단계였다.

그런데 앤트그룹 내부에서 중국 시장에 집중하자는 목소리가 떠올랐다. 그리고 여기에 힘이 실리면서 한국 시장에서 은행들과 협력하기로 한 제품 개발 계획은 전면 수정되었다. 협력의 책임자로서 나는 기존 계획을 추진하기 위해 상부를 설득했지만, 계획을 되돌릴 수 없었다. 은행권 파트너들과의 관계는 무너졌고 한국 사업도 지체되었다. 나는 적잖이 괴롭고 불편했다. 나는 이 프로젝트를 넘어 한국 시장 전반에 대한 회사의 의지에 의구심을 품었다. 그리고 이것이 슬럼프로 이어졌다. 의욕이 줄어들어 조직원과 대화가 필요할 때도 설득이 어려우리라 생각하고 말을 줄이게 됐다. 그러다 상황의 심각함을 깨닫고 회사와 나 자신의 상황을 돌아보기 시작했다.

사실 내가 맡았던 사업은 이제 연간 2,000억 원가량의 거래량을 기록할 정도로 크게 성장했다. 나는 내가 성과를 만들어낸 사업이 아니라 실행되지 못한, 계획이었을 뿐인 사업에 너무 천착해 있었다. 이를 깨닫고 나니 회사가 집중하기로 한 중국 시장의 압도적인 규모가 보였다. 회사는 한국 시장을 포기함으로써 발생하는 기회비용과 중국 시장에서 창출할 기대 이윤을 저울질해 합리적인 결정을 내렸을 것이다. 하지만 마음속에 불만족은 여전히 가시지 않았다. 결국 나는 내 계획대로 프로젝트를 진행해 나를 증명해 인정받고 싶었던 것이다. 이런 생각에 다다르자 내가 뭔가를 오해하고 있다는 사실을 깨달았다. 한국 시장을 개척하는 방법에는 내 계획만 있는 게 아니었다. 그렇게 생각하자 마음이 편해졌다. 나는 다시 일에 집중할 수 있었다.

때로 원인을 알 수 없는 슬럼프는 내면의 낡은 습관 하나를 버릴 기회가 될 수도 있다. 이전에는 잘 작동했지만 어떤 원인에서든 이제 더는 작동하지 않는 방법, 사고방식, 습관, 관성 등을 의심하는 기회로 삼을 수 있다. 그러니 슬럼프에 지지 말고 눈을 크게 뜨고 내면을 들여다보자.

21

슬럼프를 성장의 기회로 만들어라

양이 중요한가, 질이 중요한가? 이 질문은 슬럼프를 극복하는 방법과도 연관된다. 나는 일단 양이 중요하다고 생각한다. 그러나 양만 중요하다는 의미는 아니다. 결과적으로는 질이 중요하나 이것을 처음부터 계획대로 통제하기는 어려우니 우선 양을 늘리고 그 안에서 질을 높이자는 게 내 생각이다. 이것은 빅데이터, AI가 성과를 도출하는 방식과 같다. 같은 맥락에서 실력이 질이라면 처리할 수 있는 업무의 총량은 양이다.

처음부터 질 높은 하나의 성과를 위해 100%를 거는 일에는 위험이 따른다. 계획대로 질 높은 성과가 나온다는 보장이 없는 데다 다음 기회의 여지도 확보할 수 없기 때문이다. 29CM는 고객을 대상으로 새롭게 입점한 브랜드를 소개하는 '수요입점회'와 '일요입점회'를 진행한다. 이때 행사를 준비하는 팀이 매회 최고의 퍼포먼스를 보여주겠다는 결심을 했다고 해보자. 그러면 매회 최고의 브랜드와 최고 수준의 행사를 기획해야 한다. 큰 규모의 홍보비를 쓰고 유의미한 지표적 성과를 내야 한다. 하지만 얼핏 들어도 이는 불가능에 가깝다. 몇 번이라도 나쁜 퍼포먼스가 나온다면, 팀원 하나하나가 조직적, 커리어적 차원에서 이를 책임져야 한다. 이는 구성원들의 사기를 떨어뜨릴 것이다.

그래서 29CM는 양을 추구한다. 매회 수요입점회와 일요입점회에 10개 전후의 새로운 브랜드를 소개하되, 가능하면 그중 한두 개는 누가 들어도 알 만한 브랜드를 섭외하고 나머지는 인지도가 부족하더라도 신선하고 독창적인 브랜드를 섭외한다. 그리고 주요한 몇 가지 지표만 확인한다. 매회 대박이 나지는 않지만 이를 꾸준히 하면 얘기가 달라진다. 1년 52주면 520여 개 브랜드를 소개하게 된다. 그중 몇몇 브랜드는 소비자들의 선택을 받아 폭발적으로 성장한다. 이것이 다양한 것에서 질 높은 성과가 창출되는 과정이다. 제작이든 홍보든 접근 비용이 낮아진 요즘은 일단 해보고 데이터를 쌓고 유효한 결과값을 도출해내는 비즈니스 프로세스가 더 효율적일 수 있다.

나는 이런 논리가 슬럼프에 대응하는 방식에도 적용될 수 있다고 생각한다. 슬럼프를 겪는 많은 사람이 슬럼프를 어떻게 벗어나야 할지 답을 찾기 어려워한다. 슬럼프를 극복할 핀 포인트 처방은 모래사장에서 바늘을 찾는 일만큼 어려울 수 있다. 그러니 슬럼프가 찾아왔다면 일단 이것저것 해보고 움직여야 한다. 행동량을 늘리는 것이다. 새로운 루틴을 만들어 보는 것도 좋은 방법이다. 루틴은 매 순간 무얼 할지 결정하는 피로를 줄이고 삶의 풍경과 함께 사고를 전환한다. 슬럼프를 해결할 답은 새로운 풍경에 숨어 있을지도 모른다.

SK를 다니며 슬럼프가 왔을 때 내가 만든 루틴은 글쓰기였다. 글쓰기는 내 삶에 활력을 가져다줬다. 글쓰기라고 해서 대단한 것은 아니었다. 해외 IT 뉴스를 하루 하나씩 번역하여 블로그에 남기는 것이었다. 내가 블로그에 남긴 글들은 단순했다. 해외 사업을 하며 관계를 맺은 파트너 중에는 뉴스레터 발행자도 있었다. 그중 단연 최고는 미국의 윙 벤처 캐피털 **Wing Venture Capital**이 보내주는 일간 테크 뉴스레터였다. 이 뉴스레터는 전 세계 주요 테크, 스타트업 시장의 뉴스 10여 개를 간략히 요약해서 보내줬다. 나는 그중 가장 중요하다고 생각하는 뉴스를 하나씩 골라 매일 아침 출근길 지하철에서 번역하고 글을 썼다. 출근 시간 1시간 중 30분가량 이렇게 글을 쓰고 나면, 나머지 시간에는 이를 관심 있어 하는 그룹 채팅방이나 지인들에게 공유했다.

이렇게 약 1년가량 하다 보니 어느새 나에게 새로운 힘이 생겼다. 시장에 대한 정보력이 생겼고, 분야가 다른 기업이나 사업을 연관 지어 새로운 사업을 구상할 통찰력이 생겼다. 내가 쓴 글은 네이버 메인에 종종 소개되었다. 그리고 사람들이 나를 보는 관점도 바뀌었다. 처음 만나는 비즈니스 파트너와도 다양한 소식으로 아이스 브레이킹을 시도할 수 있게 되었다. 업계와 관련된 이야기라면 무엇이든 이해하기 쉬워졌다. 무엇보다 업무 이외의 일로 인해 나를 바라보는 업계 관계자들의 시선이 달라졌다는 점이 신기했다. 실제 투자 업계 관계자에게 스카우트 제안도 받았다. 슬럼프는 삶의 새로운 국면과 함께 어느 순간 사라지게 되었다. 본업에 대한 의욕과 집중력 또한 회복할 수 있었다.

새로운 루틴을 만들고 그렇게 쌓은 데이터가 새로운 질을 발생시켰다. 의도하지 않았음에도 불구하고 이는 나에게 생각지 못한 힘을 불어넣었다. 게다가 한 단계 더 발전할 기회를 만들어주었다. 이처럼 알 수 없는 이유로 슬럼프를 겪을 때는 루틴을 추가하고 새로운 일로 눈을 돌림으로써 또 다른 성장의 활로를 만들 수 있다.

CHAPTER 4

공부의
필로소피

잘나가는 사람들의 공부

공부에 대한 오해_
직장인의 공부

여기에서는 업무 바깥의 영역에서 실력을 향상할 방법에 대해 생각해보자. 일반적으로 우리는 학창 시절에 집중적으로 공부한다. 여러 과목을 배우며 지식, 즉 세상의 원리를 이해하고, 세상과 소통하는 방식을 깨우친다. 대학교에서는 이미 배운 것들에 대해 깊이를 더하고 전공 영역을 발전시킨다. 나아가 세상에 대한 자신만의 시선을 정립하기에 매진한다. 그러고 이런 과정이 마무리될 즈음에 우리는 직장생활을 시작한다. 이제 직장은 앞서 익힌 것을 적용하고 이를 통해 가치를 만들어내기를 요구한다.

그런데 정말 이 과정의 단절과 도약이 저렇게 깔끔하게 이뤄질까? 그리고 한 번 지나온 과정은 그대로 종결되는 것일까? 정말 대학 졸업 후에는 학습과 연구가 필요하지 않을까? 그렇지 않다. 졸업했다고 해서 학습이 끝나서는 안 된다. 직장생활은 항상 학습이 필요한 새로운 국면을 펼쳐 보인다. 어떤 상황에서든 나와 조직의 생산성을 높이기 위해, 나와 조직이 추구하는 가치를 창출하기 위해 지속해서 공부하고 자신의 실력을 업그레이드해야 한다.

그런데 직장인의 학습은 학창 시절의 학습과는 근본적으로 다르다. 학창 시절의 학습이 사회의 규칙을 원론적으로 배우는 거라면 직장생활에서의 학습은 나를 둘러싼 조직과 시장이 내게 원하는 것을 배우는 것이다. 이때 요구되는 것에는 지식이나 기술을 넘어 태도와 습관까지가 포함된다. 그중에서도 6가지 핵심 키워드를 살펴본다.

첫 번째 키워드는 인문이다. 인문학적 소양이 있는 사람은 크고 깊게 일의 맥락을 꿰뚫는다. 그리고 시장의 현상에서 다가올 미래의 패턴을 읽는다. 근거 있는 예측에 능한 사람은 멀리 나아갈 수 있다. 그런 힘이 인문학에서 나온다.

두 번째 키워드는 표현이다. 아무리 뛰어난 생각이라도 제대로 표현하지 않으면 조직을 설득하고 생각을 실현할 수 없다. 그러니 표현은 성과로 향하는 교두보다.

세 번째 키워드는 외모다. 잘 가꾸어진 외모와 건강한 신체 상태는 동료와 파트너에게 좋은 인상을 준다. 좋은 인상에서 비롯된 호감은 원활한 소통이라는 결과로 이어지기도 한다.

네 번째 키워드는 정보다. 정보는 느닷없이 변화를 맞닥뜨리는 일을 예방하고 미리 대응할 수 있게 한다. 그러니 정보력은 변화에 대응하는 힘과도 같다.

다섯 번째 키워드는 영어다. 자본주의 사회에서 일할 시장이 넓어진다는 건 더 오래 일하고 더 많이 벌 수 있음을 의미한다. 링구아 프랑카Lingua Franca, 즉 세계 공용어로 통하는 영어는 이를 실현 가능하게 해주는 대표적인 도구다.

여섯 번째 키워드는 네트워크다. 네트워크는 다른 말로 정보망이다. 시장의 수요에 대한 정보를 네트워크를 통해 빠르게 포착할 수 있다면 당신의 경쟁력은 강화할 것이다.

이 6가지 키워드만 기억하고 공부해나간다면 어느 순간 이전보다 훨씬 성장한 자신을 발견하게 될 것이다.

인문학을 알면
일의 미래가 보인다

인문학적으로 생각하는 사람들은 현상의 패턴을 읽어낸다. 그들은 이 패턴 속에서 현상의 근본적인 원인을 추적하고 이를 전혀 다른 상황에 적용할 힘을 갖추게 된다. 아직 닥치지 않은 일을 전조로부터 예측할 수도 있다. 기업은 항상 다변화하는 시장에 대응하고 리스크를 최소화하기를 원한다. 그러니 인문학적으로 생각하는 사람들은 회사의 총애를 받고는 한다. 단순 사원을 넘어 임원 레벨까지 올라갈 가능성도 크다. 이들은 회사의 지시를 단순 이행하는 것을 넘어 미래 대응과 리스크 관리에 유효한 아이디어를 생산한다.

인문학적 소양을 키우는 정공법은 독서다. 방법은 단순하다. 꾸준히 책을 집어 들고 읽고 생각하면 된다. 나는 한 주제의 책을 두세 권 산다. 그리고 매일 각 한 챕터씩 읽는다. 대중교통으로 통근하면서 휴대폰을 들여다보는 시간이면 누구나 할 수 있다. 이런 식의 병렬 독서에는 다음과 같은 장점이 있다.

- 매일 15분가량의 시간만 투자하면 된다
- 여러 권의 책을 읽으니 지루하지 않다
- 한 주제에 대한 다양한 관점을 통해 사고가 확장한다
- 한 권만 읽을 때보다 성취감이 크다

나는 매년 100권 전후의 책을 읽는다. 이는 내가 트렌드를 예상하고 성장하는 기업을 알아보고 이직하는 데에 도움이 되었다. 또 내가 직접 글을 써서 책을 출간할 수 있는 능력을 만들어주었다.

직장인 독서 모임도 추천한다. 개인적으로 독서 모임은 책의 내용과 나의 사고를 연결 짓는 힘이 생긴 뒤라면 참여해도 좋다고 생각한다. 그런 힘이 생기지 않은 상태에서 독서 모임

에 나가는 경우 내 생각이 형성되기 전에 다른 참여자의 생각에 영향을 받게 될 여지가 있다.

사고력을 키우는 또 다른 방법은 강의나 대담에 참여하는 것이다. 깊이 있는 연구를 업으로 삼아온 학자와 전문가의 통찰은 효율적으로 나의 시선을 형성할 수 있는 재료다. 나도 2020년부터 지금까지 최진석 서강대 철학과 명예교수의 수업에 참여하고 있다. 나는 누구인가? 어떻게 살고 싶은가? 세계는 어떻게 이루어져 있고 그중 인간이 만든 것들과 인간이 만들지 않은 것들은 어떻게 다른가? 이런 질문들을 주고받는 사이 나 자신과 세계를 읽는 통찰력이 강해졌다.

사고력을 키우는 또 다른 방법은 다양한 분야의 클래식을 접하는 것이다. 유명한 클래식 음악을 매일 한 곡씩, 세계적인 미술가의 작품을 한 점씩, 한 달에 한두 번씩이라도 클래식 홀이나 갤러리에 가서 작품을 감상하자. 검증된 철학자의 사상을 탐구하고 역사가 있는 기업, 브랜드의 이야기를 찾아보자. 이런 유산들은 보통 당대의 통념을 거슬러 개인이나 조직이 욕망을 세계에 투영해 구현해낸 것들이다. 우리는 이런 선배들을 통해 고유하게 욕망하는 것을 세계에 실현하는 방법을 깨닫게 된다. 이는 당신에게 조직과 사회의 통념을 깰 용기와 힘을 불어넣고, 세상을 읽는 자기만의 시선을 키워줄 것이다.

더하여, 어떤 글을 보든 누구의 말을 듣든 어떤 이슈를 접하든 내 생각을 꼭 적어보자. 그냥 이해하고 고개를 끄덕이는 것과 직접 생각을 논리적인 글로 정리해보는 것은 완전히 다른 차원의 일이다. 무엇이든 당신의 것으로 제대로 소화해내고 싶다면 소화 과정에 꼭 필요한 글쓰기를 연습해야 한다. 물론 글쓰기만큼 중요한 것은 배운 것을 실생활에 적용하는 것이다. 그래야 효용성을 발견하고 이를 자신의 실력으로 만들 수 있다.

표현하지 않는 실력은
실력이 아니다

표현하지 않으면 당신이 무엇을 가졌는지 아무도 모른다. 표현해야 당신이 누구인지, 당신의 무엇을 평가해야 하고, 당신에게 어떤 지원을 해야 할지 상대방이 안다. 말 한마디로 천냥 빚을 갚는다는 말처럼 때로 표현력은 의외의 큰 도약의 밑거름이 되기도 한다.

보통 '나'라는 사람에 관한 정보가 밖으로 전달되는 경로는 3가지다. 말과 글(언어적 표현), 표정과 몸짓(비언어적 표현), 외모와 신체 상태다. 먼저 강조하고 싶은 점은 바로 이 3가지 모두가 중요하다는 점이다. 특히 간과하기 쉬운 외모와 신체 상태는 나에 관한 수많은 정보를 감각적으로 전달한다. 감각은 1초도 안 되는 순간에 상황을 파악하는 정보로 활용된다. 이 외모와 신체에 대해서는 뒷장에서 자세히 살펴보기로 하고 여기에서는 언어적·비언어적 표현에 대해 살펴보자.

직장에서 표현력을 높일 방법은 무엇일까? 이를 위해서는 아래의 3가지만 기억하자.

육하원칙을 모두 말하라

29CM에서 상사에게 종종 들었던 피드백은 내가 육하원칙의 6가지 요소 중 한두 가지를 빠뜨린다는 것이었다. 다음은 나와 상사의 대화다.

"이번에 새롭게 열리는 해외 유명 작가의 전시 티켓을 앱에서 판매하고자 합니다. 다만 이를 위해 A와 B 기능 개발이 필요합니다. 그리고 이를 통해 우리가 기대할 수 있는 매출은 ○억 원입니다. 동의해 주시면 담당자와 함께 ○월까지 준비하여 진행하겠습니다."

"그렇군요. 그런데 기능 개발에 들어가는 자원, 비용의 규모와 이를 투입하는 데 따른 기회비용을 따져보셨나요? 이 전시 티켓 판매의 목적은 무엇인가요? 단순히 ○억 원을 버는 것이 목적이라면 다른 영역에서 추가 기술 개발 없이 진행할 방법이 있을 것 같은데요."

내 표현에는 '어떻게'와 '왜'의 요소가 빠져 있었다. 이는 결정의 지연으로 이어졌다. 이 대화로 인해 결국 나는 다시 한 번 내용을 정리해야 했다. 육하원칙은 이처럼 당신에게 소통과 업무의 효율성 모두를 확보해준다.

상대의 욕망을 파악하라

회사에서 하는 표현 대부분이 설득을 목적으로 한다고 해도 과언이 아니다. 업무는 항상 문제를 푸는 과정이고, 상대는 문제를 풀기 위한 해결책을 항상 원한다. 그래서 의사결정권자가 무엇을 원하는지 잘 살펴 나의 가치를 올려야 한다. 넷플릭스는 이런 소통이 잘 되는 거대 조직 중 하나다. 넷플릭스에는 세세한 규칙이 필요하지 않다고 한다. 누구나 회사에 가장 도움이 되는 방향으로 생각하고 행동해야 한다는 강력한 룰을 시스템이 뒷받침하고 있기 때문이다. 이 '규칙없음'의 문화는 목표를 중심으로 업무를 추진하고, 구성원 개개인의 활동과 성과를 회사가 투명하게 공유하고 평가하는 과정이 정착되었기에 가능한 것이다. 하지만 넷플릭스 같은 기업에서 일하지 않더라도 상대의 욕망을 파악하는 일은 성과로 이어질 문제를 찾는 일과 다르지 않다.

2022년부터 29CM는 오프라인 팝업스토어를 확대했다. 그 투자 비용과 운영비를 생각하면 온라인 환경보다 효율이 떨어졌다. 그래서 오프라인 사업을 강화하고자 하는 담당자 입장에서 매출은 설득의 무기가 되기 어려웠다. 대신 담당자들은 장기적인 목표를 제안했다. 회사는 지속해서 고객을 늘려야 한다. 그러려면 소비자층을 확장해야 하는데, 90년대 중후반부터 2020년대 중반생까지를 아우르는, 소위 잘파Zalpha 세대가 트렌드를 주도하는 새로운 소비자로 떠오르고 있었다. 이들의 공간 소비 경향을 고려했을 때 오프라인 팝업스토어는 이 세대로 소비자층을 확장하는 좋은 전략이었다. 이처럼 잘 표현하기 위한 핵심은 상대가 풀고자 하는 문제를 중심으로 생각하는 것이다.

소통에 효과적인 말과 문장을 연습하라

직장에서 말은 간결하게, 명확하게, 구체적으로 표현할수록 좋다. 다음 말들을 살펴보자.

1. 금번 서비스 확대를 통해 고객들에게 차별적인 경험을 제공하고, 폭발적인 거래액의 성장을 만들어 회사 내 명실상부한 성장 동력으로 만들어내겠습니다. 이를 위해 많은 관심과 지원 부탁 드립니다.

2. 2024년 9월 출시할 ABC 서비스를 통해 고객들 간에 서로의 선호와 관심을 공유할 수 있게 만들고 이 데이터를 바탕으로 필요한 상품을 더 많이 제공하여 거래액을 출시 6개월 이내에 ○○% 성장시키겠습니다. 이를 위해 서비스 출시를 ○○만 명 이상 고객들에게 인지시키고, 출시 기념 이벤트에 ○○% 할인 제공의 지원을 요청합니다.

둘 중 어떤 문장이 당신에게 더 많은 정보를 효과적으로 전달하고 있는가? 내가 보기에 후자의 방식이 그렇다. 전하고 자 하는 바가 사족 없이 간결하고 목표하는 수치가 구체적이기 때문이다.

메신저나 메일을 쓸 때 구어체와 문어체가 적절히 구분된다는 사실도 주지해야 한다. 이런 구분에 서툰 사람들은 조직 내에서 평판을 깎아 먹을 수 있다. 말끝마다 'ㅋㅋ'나 'ㅎㅎ'를 붙이거나, 사적으로 사용하는 말투를 업무에 사용해서 좋을 것이 없다. 이는 발신자에 대한 신뢰도를 떨어뜨리고, 사적 영역과 공적 영역을 구분하지 못하는 사람이라는 인상을 남긴다. 최악의 경우 이런 사람들은 맞는 말을 해도 먼저 의심부터 받을 수 있다. 같은 맥락에서 형용사나 부사는 의미가 왜곡되지 않는 선에서 최소한으로 줄여야 한다. 형용사와 부사는 문장이 의미하는 현상에 대한 화자의 주관적 인상이기에 청자·독자 중심적이지 않다. 이 역시 발신자의 신뢰도를 떨어뜨린다.

소통에 효과적인 작문 능력을 기르기 위한 가장 쉬운 방법은 신문과 책을 많이 읽는 것이다. 기사를 볼 때는 개별 문장의 구성과 전개 방식을 살피는 것이 좋다. 하나의 메시지를 위해서 어떤 논거를 배치하여 맥락을 만드는지 의식하며 읽어보자. 그런 짜임새 있는 글을 눈에 익히고 이를 내가 쓴 메일, 블로그 글, 일기 등과 비교하며 내 글을 보완해나가다보면 당신의 글은 눈에 띄게 좋아질 것이다.

말을 잘하는, 다른 말로 발화 습관이 깔끔하고 세련된 이들과 교류하는 것도 확실히 도움이 된다. 누구나 매력적인 상대방의 말투에 전염되는 경험을 해본 적이 있을 것이다. "친구 따라 강남 간다."는 말처럼 당신이 그런 사람을 곁에 두고 그의 말투를 모방하고자 노력한다면 좋은 발화 습관을 어느 순간 체화할 수 있다. 물론 좋지 못한 말투에도 전염된다는 사실을 항상 염두에 두어야 할 것이다.

25 ▢ ▭

외모는 같은 일도
달리 보이게 한다

잘 가꾼 외모, 균형 잡힌 신체, 청결함은 당신에 대한 긍정적인 정보를 전달한다. 반대로 관리되지 않은 불결한 모습은 평판에 도움이 될 것이 단 하나도 없다. 직장에서 타인에게 긍정적인 신호를 주고 호감을 얻으면 당신을 돕는 자들이 점점 늘어날 것이다.

맑고 밝은 눈빛을 가진 사람, 건장하고 탄탄한 몸, 세련되고 깔끔하고 상황에 맞는 옷차림을 한 상대를 마주하면 인간은 멋지다는 선망을 느끼는 동시에 움츠러들기까지 한다. 상대가 자기 관리에 철저하고, 항상 긴장감을 놓지 않으며 그로 인해 자신과의 경쟁에서 승리할 가능성이 큰 사람이라는 정보를 외모로 전달하기 때문이다.

아디다스 부사장 출신 강형근 대표는 루틴을 지키는 삶으로 유명하다. 그는 아침에는 산책하고 어떤 저녁 모임이든 밤 9시에는 자리를 떠난다. 매일 일정한 시각에 일어나고, 잠들기 위해서다. 실제로 한 자리에서 그를 보았을 때 나는 30년 넘게 루틴을 지켜온 그의 눈빛, 표정, 몸의 균형이 남다르다는 걸 느꼈다. 나는 이 건강 상태와 총명함이 아디다스에서의 오랜 일을 마무리하고도 그가 평균 연령 30대 초반이 500명 근무하는 젊은 기업에서 새로 일을 시작할 수 있는 비결이었다고 생각한다.

29CM에도 유독 아침이나 밤에 달리기하는 이들이 많다. 앞서 소개한 민지홍 님과 김대현 님도 그들 중 하나다. 두 사람 모두 5~10km의 달리기로 매일 아침을 열거나 밤을 마무리한다. 이는 그들의 건강과 체력에 영향을 주었을 것이다. 건강한 몸에서 건강한 정신이, 온전한 컨디션이 나온다. 회사 내에서 그들의 성과는 눈에 띄게 우수하다. 유명인으로는 JYP엔터테인먼트 박진영 님이 절제된 식습관, 운동 습관으로 유명하다. 그는 데뷔 이래로 지금까지 수십 년 동안 성공 가도를

달린 가수이자 프로듀서다. 이 신체가 가진 힘이 71년생인 그를 아직도 현역으로 활발히 활동할 수 있게 한다. 무대 위에 설 역량을 유지하지 못해 은퇴하는 가수가 얼마나 많은지를 생각하면 놀라운 일이다.

자기 관리는 성실하게 실행하기만 하면 된다. 정기적으로 미용실에 가서 머리 스타일을 관리한다. 매일 피부에 보습크림과 자외선차단제를 바른다. 몸에 좋지 않은 식습관은 지양한다. 늦은 밤 어두운 곳에서 휴대폰과 영상을 보는 일을 줄인다. 흡연과 음주를 끊거나 줄인다. 정기적으로 옷을 구매하고 상황에 따라 잘 갖춰 입는다. 수면 습관을 규칙적으로 다진다. 운동을 꾸준히 하여 활력을 유지한다. 이를 위해서는 루틴을 만드는 것이 좋다. 습관은 갑자기 만들어지지 않는다. 매일 조금씩 천천히 실행할 수 있는 계획을 짜야 지속이 가능하다. 예를 들면 기상 후 물 한 잔을 꼭 마신다거나, 저녁 식사 뒤에는 꼭 산책한다거나, 정해진 시간에 잠드는 것이다.

나는 아이가 태어난 뒤 아이가 잠드는 시간에 같이 자는 습관을 들이기 위해 노력해왔다. 직장인들은 짧은 저녁 시간이 항상 아깝다. 다음 날 피곤할 걸 알면서도 의미 없는 유희 거리로 밤늦게 잠자리에 든다. 하지만 일주일만 그런 습관을 없애고 정해진 시간에 잠들면 매일 쾌적한 컨디션을 누릴 수 있게 된다.

꾸준히 실력을 키워나가고 싶은가? 더 왕성하게 일하고, 집중하고, 성과를 내고 싶은가? 주변에서 나를 돕는 이들을 늘리고 싶은가? 외모와 신체 상태를 관리하라.

26

결국 정보력이
이기는 이유

조직도 함께 일하는 사람도 계속해서 바뀐다. 직장인 누구나 경험하는 변화로는 조직 개편이 있다. 하지만 조직을 넘어 시장의 구조가 개편될 때도 있다. 특히 요즘과 같이 기술이 급격히 발달하고 산업 구조가 재편되는 시기에는 내일 당장 시장에서 퇴출당할 각오도 해야 한다. 그래서 우리는 변화에 미리 대응하기 위한 정보력이 필요하다. 자본주의는 누가 새로운 시장에서 생산수단과 재화를 먼저 차지하느냐의 싸움이다. 그렇다면 새로운 시장, 새로운 재화가 어디에 있는지 먼저 알아야 한다. 마치 어떤 기업의 성장 가능성을 먼저 점치고 투자한 자들이 큰 이득을 얻는 것처럼 말이다.

부서 이동이나 이직 시에도 정보는 중요하다. 유망한 일, 될 법한 일, 누구나 하고 싶어 하는 일을 찾아다니는 사람들이 있다. 이들의 특징은 일이 시장에 광범위하게 필요해지는 시점에 그를 가장 잘 수행한다고 평가받는다는 점이다. 나는 나의 멘토였던 SK의 Y가 내게 해준 조언을 잊지 못한다.

"앞으로 커리어를 더 크게 만들고 싶고 자신만의 영역을 구축하고 싶다면 데이터와 AI에 뛰어드세요. 지금 전문가가 아니어도 좋고 아는 것이 적어도 괜찮아요. 어차피 최근에 급속도로 성장 중인 분야라 전문가는 많지 않아요. 지금부터 준비해도 늦지 않으니 형렬 님의 성장에 큰 도움이 될 거예요."

그런데 정보력은 단순히 지식에서 나오지 않는다. 이는 우리를 둘러싼 세계를 감각하는 능력과 같다. 큰 변화는 나와 먼 일 같다가도 어느 순간 내게 영향을 미친다. 가령 인구 감소는 한 사회의 경제 성장률 하락으로 이어진다. 이로 인해 기업의 고용이 축소되면 실업자들이 늘어날 것이다. 또 일할 사람이 늘어나 임금상승률도 둔화할 것이다. 그러면 나를 포함한 모든 국민들의 생활 수준은 전반적으로 하락할 가능성이 크다.

이렇듯 변화를 논할 때 먼저 참고해야 할 것은 바로 거시적 외부 환경이다. 인구 감소와 부동산 하락의 연관성, 일의 자동화와 일자리 감소의 연관성 따위가 이에 해당한다. 거시적 외부 환경은 인구, 기후, 식량, 지리, 지정학 등의 분야를 넘나든다. 이런 변화를 감지하는 가장 좋은 방법은 뉴스를 통해 주변의 사건들을 잘 둘러보는 것이다. 새로 채용되는 젊은 직원들이 어떤 감각으로 세상을 바라보는지 소통해보는 것도 좋다. 이들은 트렌드에 밝기 때문이다. 매년 발간되는 트렌드 서적을 읽는 것도 도움이 된다. 요즘은 이런 트렌드를 유튜브 영상으로도 쉽게 파악할 수 있다. 이런 정보를 통해 앞으로 시장과 고객이 무엇을 원할지 예측해보아야 한다.

다음으로 기술에 주목해야 한다. 기술은 우리 삶 전반에 영향을 미친다. 심지어 전통적으로 IT와 거리가 멀어 보이는 산업에도 기술이 가져다주는 변화는 엄청나다. 생성형 AI, 로보틱, 블록체인, VR은 세상을 바꾸고 있다. 이들이 새롭게 만들어낼 시장은 새로운 기회의 땅이 될 것이다.

이런 흐름을 따라가기 위해 국제적인 기술 회의, 콘퍼런스, 구글과 애플의 연례 개발 행사 등에 직접 참가하면 좋지만, 현실적으로 어려운 일이니 여기서 나온 주요 의제를 공부하면 좋다. 그리고 해당 기술과 관련된 앱을 한 달에 하나씩은 꼭 새롭게 다운로드받아 사용하면 시장이 기술을 어떻게 상용화하는지 엿볼 수 있다. 사진 한 장, 문장 하나만 입력하면 영상을 만들어주는 RunwayML앱을 사용해본 크리에이터와 그렇지 않은 이들이 앞으로 마주할 세상에는 큰 차이가 있을 것이다.

정책을 통해서도 정보를 읽어낼 수 있다. 특히 정책을 만들고 결정하는 이들이 모여 대화를 나누는 장을 주목해보자. 그곳에서 나온 메시지를 해석할 줄 알아야 한다. G20, APEC 정상 회담, OECD 포럼, 다보스 포럼 등이 이런 장이다. 이런 회의의 참여자들이 내뱉는 한마디가 다음 수년간의 변화를 예고한다.

이런 정보들을 어떻게 해야 잘 해석할 수 있을까? 주에 한 번씩은 서점에 가서 어떤 책이 주로 출간되고 있는지 살펴보고, 새로운 기술, 시도, 이야기가 담긴 영화를 챙겨 보면 된다. 마이크로소프트, 구글, 애플 3개 회사의 최신 소식을 주에 한두 번 찾아보면 된다. 세상을 읽는 정보력은 이처럼 성실함만으로도 어느 정도는 얻을 수 있다.

27

이 마인드만 있으면
영어는 쉽다

지난 2023년 7월 중순, 대한민국 국가대표 축구 선수이자 해외 리그에서 활약하고 있는 두 선수, 이강인과 김민재의 이적이 화제가 된 바 있다. 둘은 각각 프랑스와 독일 리그로 이적했다. 각 선수가 받은 이적료와 연봉은 세계적인 수준에 이르렀다. 손흥민 선수까지 생각하면 요즘 시기는 한국 축구의 르네상스가 아닐 수 없다. 이처럼 전 세계 프로축구 리그에서는 많은 선수가 국경을 넘나들며 경기하고 인정받고 큰돈을 벌고 있다. 어떻게 이런 일이 가능할까?

축구 시장이 세계화되었기 때문이다. 한 리그가 다른 리그와 선수를 거래하고 한 국가의 시청자가 다른 국가의 리그를 시청한다. 매 4년을 주기로 열리는 월드컵은 축구에 대한 세계인의 관심이 식을 틈을 허락하지 않는다. 실력 있는 선수들은 세계적으로 유명한 리그에서 뛸 수 있다. 일반 기업 세계에서도 똑같은 일이 일어난다. 세계화된 시장에서 일하는 인력은 전 세계를 대상으로 스카웃 제의를 받는다.

지금은 거의 모든 시장이 세계화되었다. 전 세계를 돌아다니며 일하는 코스모폴리탄(Cosmopolitan, 인류 전체를 하나의 나라로 보는 개념에서의 세계 시민)으로 사는 게 막연한 일이 아닌 것이다. 당신은 그럴 때를 대비해 언어 실력을 갖추어야 한다. 특히 영어를 말이다. 영어는 축구에서 온 그라운드에 공을 공급하는 패스 실력과 같다. 이를 잘하는 선수가 세계를 무대로 큰 기회를 얻는 것처럼 영어를 잘하는 사람들이 더 큰 기회를 받게 된다.

나는 초등학교 4학년 때 어학원에서 영어 공부를 시작했다. 그 뒤로 여느 한국인처럼 꾸준히 영어를 공부했다. 어학연수를 다녀오기도 했다. 그런데 내가 영어를 어느 정도 편안하게 느끼기 시작한 것은 그로부터 어느 정도의 시간이 지난 37세 때였다. 26년을 공부하고 나서야 영어가 편안해진 것이다. 아마 많은 한국인이 오래 영어를 공부했음에도 불구하고 영어 울렁증에 시달릴 것이다. 이전의 영어 공부와 37세의 공부는 무엇이 달랐길래 내가 영어를 편하게 느끼도록 만들었을까?

여전히 내 영어 문장에는 오타와 문법 자동 교정 제안이 끊임없이 뜬다. 영어로 말하면 말하는 도중에 잘못된 표현 수십 개는 스스로도 쉽게 찾아내곤 한다. 그러나 나는 영어 사용이 편하다. 상대방 말의 핵심 메시지를 알아들을 수 있고, 내가 전하고자 하는 바를 표현할 수 있기 때문이다. 소통할 수 있다는 말이다. 나는 영어로 소통이 필요한 해외 사업을 담당했다. 영국과 중국 기업에 소속되어 일하기도 했다. 창업자와 상사 대부분이 외국인인 잠실 소재 기업에서도 일했고 지금도 해외에 있는 지인들과 두루 정보를 교환한다. 그러나 내 영어는 완벽하지 않다. 하지만 부끄러워할 일은 아니다. 피카소에게 왜 아인슈타인의 상대성이론을 모르냐고 따질 수는 없다. 다만 소통하고 싶으면 공부하면 되는 것이다. 나는 앞으로도 완벽한 영어를 구사하기 위해 공부하고 노력할 생각이다. 그러나 그때까지 영어로 가능한 소통을 미뤄두고, 기다릴 생각은 추호도 없다.

이 멘탈 모델을 이처럼 장황하게 설명하는 이유는 이것이

언어 실력을 키우는 핵심 태도이기 때문이다. 영어에 자신감이 없는 이들은 좀처럼 영어를 구사하지 않는다. 실력 향상은 요원해지고 자신감은 더 떨어지는 악순환이다. 하지만 반대로 자신감이 없더라도 문법적으로 틀린 영어를 뱉고 소통하면 소통이 성공하는 순간이 점점 늘어나며 실력 향상의 선순환이 일어난다.

나는 적극적인 소통 시도와 동시에 다음과 같은 공부를 지속했다.

읽기: 하루 한 기사씩

앞서 소개했듯이 나는 매일 해외 기사 하나씩을 한글로 번역하여 블로그에 남기는 일을 약 2년간 실행했다. 영문 콘텐츠에 대한 거부감이 사라졌다는 게 가장 큰 결실이었다. 기사는 다양한 주제를 다루고 있다는 점에서 영어 공부에 적합했다. 특히 경제 트렌드에 관심이 많던 내게는 흥미로운 정보가 많아 지루하지 않은 교재가 되어주었다. 또 기사답게 문법적으로, 구조적으로도 엄정했다.

나는 하나의 기사를 3번씩 읽었다. 처음 읽을 때는 소리 내어 쭉 읽는다. 모르는 단어가 나올 수 있지만 바로 찾아보기보다는 대강 뉘앙스로 추측해보고 넘긴다. 두 번째 읽을 때는 전체적인 뉘앙스를 이해한 상황에서 단어 뜻을 찾으며 기사를 읽는다. 앞서 첫 번째 읽기에서 추측한 단어의 의미가 사전적 의미와 일치하는지 확인하는 과정에서 모르는 단어의 의미를 문맥을 통해 유추하는 능력이 생긴다. 마지막으로 다시 한번 기사를 소리 내어 쭉 읽는다. 이때는 마치 내가 이 기사를 쓴 기자라는 듯이 당당하고 자신 있게 읽는 것이 중요하다. 괜한 말이 아니다. 이 당당함이 실제 영미권 파트너와 소통할 때의 태도가 될 수 있다.

쓰기: 하루 한 문장씩

일부러라도 매일 한 문장씩 외워서 직접 써보는 방법이 도움이 된다. 나는 매일 아침 라디오에서 나오는 영어 문장 하나를 듣고 종이에 적는다. 그리고 업무와 연관된 유사한 문장을 작문한다. 그러니 작문 실력이 늘어서 어느 순간 사전을 찾아보는 일 없이 영문 메일을 적는 나를 발견할 수 있었다.

말하기: 통째로 외우기

말하기는 노력을 통해 개선하기 가장 쉬운 영역 중 하나다. 많은 사람의 토익 점수가 900점이 넘지만, 영어는 한마디도 못한다고 말한다. 나는 이런 이야기를 할 수 있는 사람이라면 폭발적으로 말하기 실력을 키울 수 있다고 생각한다. 문법과 단어에 이미 강점을 가진 이들이 문장을 통째로 외워 자연스러운 문법과 단어 사용에 익숙해진다면 실력에 날개를 달 수 있다.

영어 기사 하나를 통째로 외우거나 헐리우드 영화 대본에 나오는 한 씬의 대사를 통째로 외울 수도 있다. 요즘은 검색만 하면 다양한 영어 콘텐츠들이 쏟아진다. 단어와 문법이 하나의 기사, 하나의 대본으로 바뀌었다고 생각하면 편하다. 글을 하나하나 외울 때마다 어느새 말하기 실력이 늘고 자신감이 붙은 자신을 발견할 것이다.

듣기: 들리는 것에서 듣는 것으로

듣기 실력을 쌓기 위한 최고의 방법은 무조건 많이 듣는 것이다. 이때 당신은 '들림(hearing)'을 '듣기(listening)'로 전환해야 한다. 영어 화자가 등장하는 영미권 영화는 보통 자막을 제공한다. 이때 배우들의 말, 악센트, 발음은 귀에 '들린다.' 들리는 말과는 별개로 우리는 대사의 의미를 자막을 통해 이해한다. 우리가 하루의 매 순간 들려온 것들을 기억하지 않는 것처럼, 뇌도 들리는 모든 것들을 내 것으로 만들지는 않는다. 그래서 이 들림을 듣기로 전환해야만 한다.

자막 없이 극 영상 매체를 소비하는 연습은 듣기 실력을 늘리는 데 좋다. 물론 이렇게 하면 어떻게 의미를 이해할 수 있을지 걱정된다. 그러면 먼저 자막이 제공되는 영상을 관람한 후 재관람하면 된다. 되도록 원래 좋아하던 영화를 보는 것도 마음의 진입장벽을 낮추는 데 도움이 될 것이다. 재미는 물론이거니와 영어 듣기 실력이라는 선물을 얻게 될 것이다.

28

더 큰 일을
하고 싶다면

먼저 다음 질문에 대해 답해보자.

- 일을 잘할 수 있게 조언해줄 사람이 필요한가?

- 당신을 좋은 회사와 자리에 소개해줄 사람이 필요한가?

- 트렌드에 뒤처지지 않게 꼭 알아야 하는 것들을 알려주는 사람이
  필요한가?

- 더 나은 관점을 제시해줄 사람이 필요한가?

만약 하나라도 동의한다면 당신은 이미 네트워크의 중요성과 가치를 아는 것이다. 직장생활을 하며 맺게 되는 모든 관계는 어떤 식으로든 당신을 발전시킨다. 내가 누군가의 발전에 도움이 되기도 한다. 어린 시절 친구가 아닌 이상 직장의 모든 이들은 서로에 대한 필요가 분명한 경우 더욱 강한 관계로 연결되거나 엮인다. 그런데 명함의 홍수 속에 아무런 이유 없이 모든 사람과 관계를 맺기는 쉽지 않다. 그래서 네트워크를 논할 때 가장 먼저 생각해야 할 점은 무엇이 당신에게 필요한 네트워크인가 하는 것이다.

동료들은 내 일을 당장 개선하는 데 도움을 줄 수 있는 사람들이다. 하지만 도움을 원한다면 그들에게 내가 일하는 방식과 나의 성과를 투명하게 공유하는 일이 선행되어야 한다. 그리고 함께 서로가 가진 장점을 강화하고 단점을 보완할 수 있다. 한두 명이라도 회사 내에 이런 도움을 주는 사람이 있는 것과 없는 것은 차이가 크다.

SK에서 일할 때 내 사수 김명구 님은 그런 사람이었다. 그는 내게 일을 지시하는 사람이었고 업무의 전략과 목적을 꿰뚫고 있었다. 그에게 받은 피드백과 조언은 나의 퍼포먼스를 개선했다. 당시 내가 막 출시한 서비스에서 빈틈이 발견되었다. 상품권을 모바일로 구매하고 이를 오프라인 매장에서 사용할 수 있는 서비스였다. 그런데 어떤 이들이 타인 명의 휴대폰 요금으로 다량의 상품권을 구매한 뒤 오프라인에서 현금으로 바꾸고 청구 요금을 납부하지 않는 방식으로 서비스를 악용했다. 그래서 서비스 출시 하루만에 1억 원이 넘는 구매가 발생했지만 사실상 악용을 목적으로 한 거래가 대부분이었다. 상황을 파악한 김명구 님은 나에게 즉시 서비스를 중단하고 구매 조건을 강화하고 판매된 상품권을 환수할 것을 지시했다. 빠른 대응으로 문제가 더 커지는 것을 막은 뒤 그는 앞으로 유사한 일이 재발하지 않도록 참고할 수 있는 서비스 기획 방법을 알려주었다. 서로가 다른 회사에서 일하는 지금도 나는 그가 가르쳐준 것들을 기반으로 성장하고 있다. 물론 그는 지금도 나의 좋은 네트워크다.

회사 외부에서는 오피니언 리더, 동호회 회원, 특정 행사나 콘퍼런스에서 공통의 관심사를 바탕으로 모이는 이들과 네트워크를 형성하면 좋다. 회사 외부의 네트워크는 당신에게 의외의 기회를 제공한다. 그들이 다니는, 혹은 그들의 지인이 인사권자인 회사에 좋은 자리가 생긴 경우 이를 당신에게 제안할 수 있다. 그런데 그러려면 기회가 생겼을 때 그들이 당신을 떠올릴 수 있어야 한다. 그 누구도 아무 이유 없이 기회를 주지는 않는다.

당신을 먼저 떠올리게 만드는 가장 확실한 요소는 성과와 업적이다. 그에게 태도적으로, 인격적으로 어떤 인상을 남겼는지도 중요하다. 특히 태도는 아직 업적이 없는 인재들이 제일 앞에 내세울 수 있는 무기다. 그러니 언제 다가올지 모르는 기회를 잡기 위해서는 커리어를 잘 관리하는 동시에 누구에게나 긍정적인 태도를 보여야 한다.

네트워크를 만들고 넓혀가기 위해서는 소위 바깥으로 많이 다녀야 한다. 앞서 설명한 오피니언 리더, 동호회 회원, 행사와 콘퍼런스 등이 모두 그 바깥에 해당한다. 그런데 직장 생활에 충실하면서 네트워킹까지 잘하는 건 별도의 노력이 필요한 일이다. 그러나 한 차원 높은 성장, 실력을 원한다면 네트워킹에 힘써야 한다.

강의, 행사, 동호회 등에 참여하는 일은 난이도가 낮다. 신청하든, 초청받든, 돈을 내든, 가면 된다. 그러면 참여자들과 명함을 교환하게 된다. (이때 가급적이면 예의상 자신의 명함을 먼저 건네고 나서 상대의 명함을 받는 편이 안전하다. 받는 이의 방향에서 내 이름이 제대로 보이게 전하는 것도 중요하다.) 그중 귀갓길에 문자로 인사를 남기는 이들이 있다. 나 역시 이런 사람 중 하나다. 네트워크 형성의 첫 단추가 꿰매지는 순간이다. 이 문자는 예의라기보다 '신호'에 가깝다. '당신과 좀 더 교류하고 싶습니다.'

라는 신호 말이다. 하지만 이렇게 신호를 남겼다고 해서 그다음에 바로 어떤 일이 발생하는 것은 아니다. 오히려 아무런 안건이 없다면 다른 연락을 남기지 않는 편이 낫다. 서로의 시간을 빼앗을 수 있기 때문이다. 부담은 덤이다. 일하다가 상대방의 회사와 관련된 업무가 생길 경우, 그 회사 근처에 방문할 일이 생길 경우, 이전에 그를 만났던 행사나 강의와 유사한 자리가 또 마련되는 경우에 가벼운 인사와 함께 소식을 전하는 것이 두 번째 만남으로 이어질 수 있는 가장 자연스러운 맥락이다. 이 자리에서는 서로에 대한 더 깊은 정보를 나눌 수 있게 된다. 이런 대화는 서로에게 정보가 되어 성장이라는 불꽃을 틔운다.

네트워킹의 또 다른 기회는 업무 중 외부 회사와 협업할 때 발생한다. 이때 선행되어야 할 것은 업무를 성공적으로 추진하는 것이다. 그래야 당신에 대한 좋은 기억을 상대방에게 남길 수 있기 때문이다. 협력하는 과정에서 당신이 내비친 말, 생각, 행동, 태도가 이에 영향을 준다는 사실은 두말하면 입 아프다.

이렇게 맺게 된 네트워크는 업계에 관련된 소식, 관심사에 맞는 정보와 함께 인사를 주고받으며 유지할 수 있다. 이때는 문자나 메신저보다 링크드인, 페이스북, 인스타그램 등을 활용하는 게 나을 수도 있다. 이렇게 서로 느슨하게 소식을 주고받는 편이 덜 부담스럽게, 더 지속 가능한 방식으로 소통하는 방법이다. 간간이 당신이 새롭게 시작하는 일, 새롭게 출시하는 서비스나 제품, 당신 회사가 주최하거나 관여하는 행사를 소개하면 네트워킹에 힘이 실리기도 한다. 이때는 '내가 유지하는 네트워크 중에서도 당신은 중요한 축에 속합니다.'라는 메시지도 암시할 수 있다.

이런 네트워크는 내게도 여러 번의 이직 제안, 인재 추천 요청, 업계 정보 교류의 기회를 만들어주며 커리어에 큰 활력이 되었다. 다양한 실력 있는 인간들과 교류하며 다양한 툴을 습득할 수 있게 했다. 또 내 일에만 매몰되지 않고 세상의 변화를 감지하는 일에 영감을 주었다. 네트워크는 누구에게나 큰 자산이고 힘이다. 나 역시 누군가의 네트워크의 일원이 되는 데에 조금의 주저함도 없다. 네트워크에는 나이와 세대, 상사와 부하가 없다. 그때그때 각자의 위치와 역할이 다를 뿐이다. 나에게 조언하고 도움을 주었던 선배들은 이제 찬란했던 시절을 마무리하고 다음 도전을 위해 나에게 요즘 트렌드를 문의한다. 나의 네트워크 역량을 빌어 기회를 모색하기도 한다. 나도 언젠가 이들에게 다시 도움을 받을 수 있다. 당신은 항상 이런 도움의 네트워크를 유지하기 위해 노력해야 한다.

CHAPTER 5

이직의
필로소피

왜 모든 기업이 그들을 찾는가?

29

이직에 필요한
기술이 있다

직장생활을 하다 보면 때로는 스스로에게 묻고 또 물어도 더 이상 이곳에 남아 있어서는 안 된다는 생각이 들 때가 있다. 앞서 서술한 것처럼 이때 가장 먼저 해야 할 일은 지금 몸담은 회사에서 내가 일을 더 잘할 방법이 무엇인지 따져보는 것이다. 그편이 이직보다 비용이 덜 들고, 성공 확률이 높다는 전제에서 말이다. 그러나 그리 해도 유의미한 변화를 만들어내지 못할 것 같을 때 우리는 이직을 고려할 수 있다.

지금 일하는 회사에서 조금이라도 더 잘해보려고 노력하

는 것보다 이직을 고려하는 것이 더 나은 선택인 경우는 언제일까? 성장하는 데 도움이 되지 않는 모든 경우다. 가령 기업이 성장하지 않고 시장의 불황이 지속되는 곳에서는 개인도 성장을 추구하기 어렵다. 업무에 대한 기업의 지원도 점점 요원해진다. 기업의 생존 자체가 화두인 곳에서 직원 개개인은 뒷전으로 밀려나는 경우가 많다.

성장하는 기업에서 일해도 이미 배울 것을 다 배워 일이 권태로워졌을 수도 있다. 그러면 낮은 수준의 리그에서 출발하여 점차 빅리그로 무대를 바꾸어 가는 프로축구 선수처럼 행동해야 한다. 또 회사 내에 인격적으로 심각한 문제가 있는 이들이 여럿 있거나 회사의 문화 자체가 인간의 고유한 가치를 훼손하는 경우에도 이를 버티고 맞서기보다는 이직을 고려할 수 있다. 이 외에도 이직이 필요한 다양한 상황이 있겠지만 이 모든 상황의 공통점은 직장생활을 통해 양적으로든 질적으로든 삶을 개선할 수 없다는 점이다.

그렇다면 이직에는 어떤 준비가 필요할까? 무엇이 성공적인 이직을 도울까? 이직을 준비할 때 가장 먼저 할 일은 바로 지금 내가 몸담은 회사, 그리고 내가 하는 일에 대해서 더 깊이 이해하고, 인지하는 것이다. 이는 이직의 기본 전제가 되는, '내가 일을 원할 뿐 아니라 상대도 나를 채용하기를 원해야 한다.'는 상호성을 이해하는 일이다. 기업들이 원하는 인재의 특성이 무엇인지, 나는 그에 따라 어떤 역량을 어떻게 기업에 어필해야 하는지 알아야 한다.

기업들은 인재를 찾을 때 그들이 기존 회사에서 어떤 일을 했는지, 문제 상황을 어떻게 해결했는지, 어떤 성과를 내놓았는지 관심이 많다. 이력서로 파악할 수 있는 것들도 있지만 면접으로만 파악할 수 있는 것들도 있다. 면접에서 이런 탐색 사항에 적절하게 답하려면 당연히 자기가 무슨 일을 해왔는지 명쾌하게 알아야 한다. 나아가 다니던 회사의 비전까지 파악하고 있다면 면접관들은 당신이 목적성을 가지고 일하는 인재라 판단할 것이다.

가령 특급 호텔 주방장 경력을 가진 인물이 고급 요리 맛을 낼 줄 모른다면 심각한 일이다. 또 고객들이 특정 시기마다 선호하는 메뉴가 무엇인지, 이런 변화하는 수요에 대응할 때 필요한 자원은 무엇인지 이해하지 못하고 있다면 난감한 일이다. 그를 채용할 식당은 그에게 메뉴 기획, 식당 총괄 운영 등은 고사하고 채용 자체에 회의할 것이다. 그러니 이직을 위해서는 바로 지금 일하는 곳에서 누구나 인정하는 성과를 낼 실력을 갖추고, 수익 모델, 팀의 운영 구조 등을 명확하게 이해해야 한다. 그렇지 못한 이는 운이 좋아 이직에 성공했더라도 새로운 곳에서 발전할 리 만무하다.

나아가 이런 모든 요소를 파악하고 있는 인재보다도 더 매력적인 채용 후보군이 되고 싶다면 그런 요소들이 이 비즈니스 시장의 맥락 안에서 어떻게 작용하고 있는지를 설명할 수 있어야 한다. 내가 속한 기업과 내가 하는 일을 객관적으로 파악할 수 있어야 한다는 말이다. 그때서야 비로소 기업이 창출하고자 하는 가치, 그리고 그 가치의 효용성이 시시각각 어떻게 변하고 있는지를 인식할 수 있다. 그러면 시장의 다양한 기회에도 밝아지게 된다.

가령 특급 호텔 레스토랑의 요리사는 다른 특급 호텔 레스토랑들 각각의 특성과 강점을 파악해야 한다. 그래서 남들과 다른 우리 호텔만의 차별점을 부각하기 위해 어떤 요리를 어떤 모습으로, 어떤 고객들에게 선보여야 할지 말할 수 있어야 한다. 이를 위해 활용할 요리 기술과 새롭게 개발해야 할 기술, 나아가 팀에 필요한 역량을 알고 이를 구축할 수 있어야 한다. 이에 대한 전반적인 계획을 설명할 수 있다면 상대는 당신과 꼭 함께 일하고 싶다고 대답할 것이다.

다음으로는 업계 사람들과 관계를 쌓고 네트워크를 늘려야 한다. 앞서 언급한 2가지, 내가 속한 기업의 시장 내 입지를 확인하고, 시장과 업계의 변화를 지속해서 파악하는 데에 있어서 가장 효과적인 방법은 다른 조직, 업계에 몸담은 사람들과 소통하는 것이다. 일반적으로 검색을 통해 찾을 수 있는 기업의 정보는 제한적이다. 이미 공개된 정보들은 희소성이 없기에 유용성이 떨어진다. 반면 사적으로 아는 내부자들이 제공하는 정보는 깊이 있고 희소하다. 따라서 업계 안팎의 다양한 사람들과 관계를 구축하고 정보를 나누고 도움을 주고받을 수 있는 환경을 갖춰야 한다. 하지만 네트워크는 꾸준한 관리로만 유지할 수 있다. 네트워크를 구축하겠다고 마음먹었다고 해서 없던 네트워크가 갑자기 생겨나지는 않는다. 누군가는 도움이 필요할 때만 자신을 찾는 당신의 태도를 불쾌하게 느낄지도 모른다. 그래서 이는 평소에 신경써서 구축하고 관리해야 한다.

마지막으로 이직에 필요한 요소는 바로 이력과 평판 관리다. 이력서 작성에 직결되는 중요 요소다. 빈틈없는 이력 관리를 위해서는 하나의 프로젝트가 끝날 때마다, 성과가 생길 때마다 기록하는 습관을 들여야 한다. 그래야 일의 과정, 성과의 면면을 놓치지 않고 속속들이 확보해둘 수 있다. 이런 정보들은 시간이 지나면 일부 잊히거나 왜곡되기 쉽다. 그러니 계속 자기 업적과 역량을 업데이트하는 습관을 들이도록 하자.

평판의 사전적 의미는 '세상 사람들의 비평'이다. 평판은 이력보다도 까다로운 요소다. 평소 일에 임하는 행실이나 태도에서 평판이 구축된다. 요즘 기업들은 채용 과정에서 평판 조회 서비스를 사용하는 경우가 많기에 이 평판을 제대로 관리하지 못한 인재들에게는 반드시 후회하는 상황이 생기기 마련이다. 추천 채용이 활발해짐에 따라 요즘 평판의 위상은 더 올라갔다. 추천자들은 평판이 나쁜 사람을 추천할 이유가 없을 것이다. 시장에서 자기 신뢰도를 깎아 먹는 행위이기 때문이다. 그러니 회사의 공적인 시간은 물론 업계 인사들과 보내는 사적인 시간에까지 평판을 신경 써야 한다. 항상 행실을 가다듬고 성실하고 예의 바르고 청결한 모습을 갖추어야 한다.

자기 일에 대한 객관적 이해, 업계에 대한 이해, 네트워크 구축, 이력과 평판의 관리는 성공적인 이직을 위해 꼭 챙겨야 할 핵심적인 사항이다. 이것들은 이직을 결심한 시점부터 준비해서는 확보할 수 없다. 늘 미리 준비하고, 평소에 관리해야 한다. 그러면 당신의 내면에 힘이 생길 것이다. 이 힘은 이직의 순간에 큰 도움이 될 것이다. 자신에게 필요한 일을 제대로 볼 줄 아는 눈, 그 일에 담대하게 뛰어들 수 있는 용기를 선사할 것이다. 그렇다면 이제부터 본격적으로 이직의 기술을 파헤쳐 보자.

30

진실을 모르면
바보가 된다

어느 멋진 파티에 초대받았다고 가정해보자. 파티의 주최자는 특정 요건을 갖춘 이들만 초청했다. 주최자는 파티의 피날레에 한 명을 선정하여 큰 선물을 준다고 한다. 초대 요건은 옷을 좋아하고, 외모를 꾸밀 줄 알고, 자신만의 스타일을 가진 사람이다. 그리고 선물은 그중에서도 가장 개성 있는 사람에게 돌아간다.

여기서 파티에 초대받았다는 것은 당신이 파티 참가 자격을 갖추었다는 사실을 의미한다. 선물을 받았다면 당신은 참여한 이들 중에서도 가장 높은 평가를 받은 것이다. 그런데 참가 자격을 갖추는 것과 선물을 받는 것 사이에는 분명한 차이가 있다. 참가를 넘어 선물까지 받으려면 다른 참가자들이 누구인지, 패션 역량은 얼마나 되는지, 그들에 비해 당신이 돋보이려면 어떻게 해야 하는지 파악해야 한다. 분위기를 고려할 필요도 있으니 파티의 성격을 미리 알아볼 수도 있겠다. 이런 준비 없이 파티에 초청받았다는 사실만으로 선물을 기대하는 것은 서로 독립적인 사건 2개를 같은 것으로 혼동하는 일과 다르지 않다. 또 이런 태도는 선물을 받을 확률을 낮춘다.

눈치챘겠지만, 이 파티는 채용에 대한 비유다. 여기서 파티의 주최자는 기업이고 파티 초대장은 이직 제안이다. 당신에게 초대장을 전해주는 메신저는 해당 기업의 HR팀 담당자 혹은 헤드헌터라고 불리는 인력 소개인이다. 그리고 선물은 당연히 입사 합격일 것이다.

물론 파티에 초대된 것처럼 이직 제안은 반가운 일이다. 아무나 초대장을 받을 수 있는 것은 아니기 때문이다. 그러나 그 초대장을 선물로 오해하거나 초대장을 받았다는 사실 자체에 들떠서 선물을 받을 자격에 대해 파악하고 준비하는 과정을 소홀히 해서는 안 된다. 이러한 오해와 혼동으로 인해 제안 기업과 제안 직책을 충분히 숙고하고 자신을 객관화하지 못한다면 드물게 생기는 기회를 놓치게 될 것이다. 대부분 이러한 오해의 흐름은 다음과 같다.

1. 당신은 지금 다니는 회사에서 성과를 내고 있다.
2. 이직 제안은 저들이 당신을 원한다는 의미다.
3. 따라서 저들은 당신에게 매력적인 채용 조건을 제시해야 한다.
4. 그렇지 않으면 당신은 이직하지 않을 것이다.

이는 자연스러운 생각의 흐름으로 보이지만 여기에는 한 가지 치명적인 오류가 있다. 이것이 일방적인 논리란 점이다. 물론 논리가 맞을 수도 있고 틀릴 수도 있다. 다만 아직 대화를 통해 서로를 검증하기 전이기 때문에 섣부른 판단이다. 그렇다면 기업은 어떤 생각을 가지고 당신에게 이직을 제안할까?

1. 새로운 사업을 잘 실행할 사람이 필요하다. 혹은 공석인 일을 맡아줄 사람이 필요하다.
2. 기본 자격 요건을 갖춘 사람들 20명에게 자리를 제안한다.
3. 이들의 이력과 경력을 비교하고 검증하며 후보군을 좁히겠다.
4. 이 과정을 통해 가장 적합한 인재 1명을 채용하겠다.

여기서 당신과 저들의 생각 차이가 명확하게 드러난다. 당신은 어떤 회사의 이직 제안 자체를 당신을 향한 영입 제안으로 판단했다. 반면 저들에게 이는 그저 채용의 여러 가능성을 추려가는 과정의 일부일 뿐이다. 저들은 당신을 파티에 초청했고, 당신은 저들의 초청을 선물로 오해했다. 저들이 당신에게 물은 것은 "이직 생각이 있으세요? 그렇다면 지금부터 검증해봅시다."였는데, 당신은 이를 "우리 회사에 와주시겠어요?"로 해석했다. 이런 괴리는 대화가 생산적인 방향으로 진행되기 어렵게 만든다. 당신은 저들에게 매력적인 업무, 보상, 복지를 내심 기대하는데, 저들은 당신이 아직 서로 잘 알지도 못하는 상태에서 막연한 기대부터 앞세운다고 느낄 것이다. 그로 인해 서로가 좋은 화답을 주고받을 기회가 있음에도 불구하고 그 문턱에도 가지 못하고 대화가 중단될 수도 있다.

그렇다면 어떻게 해야 이러한 오해를 피할 수 있을까? 먼저 기업이 누군가에게 이직을 제안하는 맥락을 살펴보자. 많은 경우 제안은 특정 업무와 연관성이 있는 다수의 사람에게 전달된다. 기업이 특정 자리를 어느 한 사람에게만 제안하는 일은 드물다. 기업은 이러한 과정을 채용팀의 데이터베이스, 헤드헌터의 인맥, 나아가 링크드인, 잡플래닛, 원티드 등의 디지털 플랫폼을 통해 수행하고 있다. 이직 가능성을 열어둔 개인은 이력서를 올려두고 이를 기업의 채용 담당자나 헤드헌터들이 발견해주기를 기다린다. 채용 담당자들은 필요로 하는 직무에 연관된 키워드로 인재를 검색하고 도출되는 리스트 전체를 후보군으로 고려한다. 즉 아직은 당신의 이력서가 수많은 검색 결과에 지나지 않을 수도 있다는 뜻이다. 이는 특정 키워드에 잘 노출되도록 이력서를 올려두면 초대장을 받을 가능성이 커진다는 사실을 의미하기도 한다.

채용 담당자의 관점에서도 적절한 사람을 찾기 위해 먼저 하는 일은 그 일에 필요한 요건을 정리하는 것이다. 잡디스크립션(JD, 직무 기술서)이라고도 불리는 이 작업에서 가장 중요한 점은 그 일에 필요한 요건을 키워드와 문장으로 명확하게 설명하고, 이를 바탕으로 하나의 완성된 기술서를 만드는 것이다. 그다음 단계는 해당 키워드를 활용하여 그와 맞는 경험과 이력을 가진 사람을 찾는 것이다. 여기서 키워드는 몇 가지 차원에서 달리 정의될 수 있는데, 가령 직무 단위에서는 영업, 개발, 디자인, 생산관리, 유통, HR 등이, 업무 분야 관점에서는 B2B 영업, 백엔드 개발, 모바일 앱 UX, 식품 안전관리, 유통망 관리, 평가 보상 등이, 그리고 그 일에 맞는 유사 경력과 관련해서는 기업의 이름, 직책, 직급 등이 그 키워드가 될 수 있다. 채용팀은 다양한 키워드를 통해 당신을 찾아낸다.

초대장을 받고 파티에 참여하면 그때부터 진짜 대화가 시작된다. 이 단계에서 어떤 결론이 정해져 있는 것처럼 생각하고 행동해서는 안 된다. 진지한 대화로 들어서는 길 자체를 차단할 수도 있기 때문이다. 상대의 필요, 목표, 비전을 이해하는 데 관심과 노력을 기울면서, 그것이 당신이 원하는 바와 잘 맞는지 파악해보자. 그리고 상대와 함께하게 되었을 때 당신이 할 수 있고, 해야 하는 것이 무엇인지도 생각해보자. 이를 통해 불필요한 오해를 줄이고 생산적인 대화를 만들어가자.

결국 이직 제안을 받았을 때 당신이 해야 할 일은 파티의 시간과 선물을 미리 기대하는 것이 아니라, 그 파티에 올 수십 명, 수백 명의 사람 중에서 당신이 가장 돋보일 방법을 미리 준비하는 것이다. 그것이 파티의 선물을 쟁취하는 길이다.

31

초대받았다면
일단 가보자

이직 제안이라는 파티에서 나누어야 할 진짜 대화는 무엇일까? 바로 일, 기대, 경험, 역량에 관한 것이다. 해당 기업이 필요로 하는 일이 무엇이고 그 일을 하는 당신에게 기대하는 바가 무엇인지를 명확하게 이해해야 한다. 또 당신의 경험과 역량을 구체적으로, 객관적으로 설명할 수 있어야 한다.

먼저 기업이 신입이 아니라 경력자를 채용하는 근본적인 이유를 생각해보자. 이들은 당장 특정한 일을 수행할 사람이 없는 데다 내부 인력을 육성할 길이 요원하다. 이들은 즉시 전력을 기대한다. 그래서 당신도 즉시 역량을 발휘해서 성과를 만들 수 있을지를 숙고하는 것이 좋다. '잘 배우겠다.'는 마인드나, '6개월만 기다려주시면,' 등의 자세로 새로운 직장생활과 일에 임할 셈이라면 아직 이직할 준비가 되지 않았을 수 있다.

기업과 개인이 이런 오해와 시행착오를 줄이고 궁합을 사전에 확실히 파악하기 위해서는 어떻게 해야 할까? 먼저 당신과 기업 중 누가 더 많은 카드를 손에 쥐고 있는지 알아보자. 보통은 말할 것도 없이 기업 쪽이다. 기업은 이미 채용 리스크를 최소화하기 위한 후보군을 꾸렸기 때문이다. 이와 달리 개인에게는 선택권이 많지 않다. 일단 기업이 당신의 이력을 어떻게 평가하는지도 파악하기 힘들다. 회사에 들어가서 직접 일을 해보기 전까지 개인적 차원에서 리스크를 최소화할 유일한 기회는 면접밖에 없다.

면접에서는 적절하게 대답해야 할 뿐 아니라 면접관과 기업의 필요를 파악하는 데 주력해야 한다. 초대장이 적절한 대상에게 전달된 것인지, 그 파티가 열정 다해 참여할 만한 곳인지를 알아봐야 한다. 이를 잘하기 위해서는 먼저 파티를 많이 경험해봐야 한다. 강연, 스터디 등을 통한 간접경험도 좋지만, 현장에서 당신이 직접 체득한 감각에 비할 것은 못 된다. 경험을 쌓아가면서 자신만의 처세와 판단 기준을 세우는 것이 좋다. 그래서 이직 생각이 없더라도 이직 제안이 들어오면 면접에 참여하는 것이 좋다. 기업들이 어떤 상황에서 어떤 필요를 느끼고, 어떤 기준으로 인재를 채용하는지 알아볼 수 있다. 상대를 알아야 싸움을 준비할 수 있는 법이다. 이것이 다양한 카드를 쥐지 못한 개인들이 취할 수 있는 최선이다.

내가 처음으로 이직 면접을 본 것은 첫 번째 회사인 SK를 다닌 지 8년이 넘은 시점이었다. 그전까지 이직을 알아본 적이 없었다. 첫 번째 이직을 하기까지 몇 차례의 면접을 봤다. 그중에는 경험이 목적이었던 적도 있다. 이런 경험은 원하는 기업에 채용되기 위해서 무엇을 어떻게 준비해야 하는지 알려주었다. 나는 그 후로 3번 이직했다. 면접은 수십 번 넘게 봤다. 면접을 볼 때마다 내 면접 역량이 늘고 있음을 느낄 수 있었다. 이직에 대한 관점이 넓어졌고, 대담함과 여유가 생겼다. 이제는 주변의 훌륭한 인재들을 기업에 소개하고 제안하는 단계까지 이르게 되었다. 이직 혹은 채용에 관련하여 전문성을 논할 수 있는, 꽤 높은 단계에 이른 것이다.

면접 자리에 참여하는 것만으로 또 무엇을 얻을 수 있을까? 면접 과정을 단순화하면, 후보자의 경력과 경험에 대한 이해의 시간, 후보자가 일을 잘 해낼 수 있을지를 판단하기 위한 역량 검증의 시간으로 나눌 수 있다. 후보자는 경력을 내세

올 때 그간 해온 일을 나열하기보다는 적절히 요약하여 핵심을 강조하는 편이 낫다. 이미 면접관들은 이력서를 통해 당신의 대략적인 경력을 파악했기 때문이다. 중요한 대화는 역량 검증 시간에 발생한다. 면접관들은 이때 후보자가 그들과 얼마나 잘 맞는지, 어떤 성과를 기대할 수 있는지를 가늠한다.

재밌는 점은 누구도 기업이 제안하는 일을 기업이 가정하는 똑같은 환경에서 경험해본 적 없다는 사실이다. 면접은 항상 가정, 상상, 예상한 상황을 전제로 나누는 대화다. 이는 면접자들을 당황스럽게 한다. 기본적으로 인간은 해보지 않은 일, 미지의 영역에 두려움을 갖기 때문이다. 희망적인 것은 인간의 적응력이 매우 뛰어나다는 점이다. 면접에서 마주하는 낯선 상황에 대한 두려움에도, 결국 몇 번 거듭하다 보면 나름의 대응 방법을 찾을 수 있게 된다. 자신의 이력과 새로운 일에 필요한 역량 사이의 간극을 메우는 방법을 터득하게 된다. 자기 역량을 새로운 상황에 어떻게 활용할지, 필요하지만 내가 가지지 못한 역량은 어떻게 채워나갈 수 있을지를 효율적으로 떠올릴 수 있다. 이것이 면접에 최대한 많이 참여해봐야 하는 이유다.

쿠팡 면접을 본 당시 나와 면접관은 프로덕트 오너라는 직무에 관해 대화했다. 나는 내 이력에서 해당 직무에 필요한 역량을 최대한 끌어냈다. 프로젝트 오너라는 직무 자체도 새로운 것이어서 나도 내 역량을 어떻게 해당 직무에 더 확장해 활용할지를 전하는 데 집중했다. 물론 그 과정에서 내 커리어에 대한 시야도 확장할 수 있었다.

면접에 거듭 참여하다 보면 초대장이 정말 내게 필요한 것인지를 판단할 수 있게 된다. 어떤 이직은 커리어적으로 도움이 안 되기도 한다. 특히 사내 문화가 너무 수직적이거나 경직되어 있어서 지시를 이행하는 것 외에 역량 발전을 도모하기가 어려운 경우가 그렇다. 면접은 면접자들이 기업에 자기를 소개하는 자리지만 기업이 면접자들에게 기업의 첫인상을 남기는 자리기도 하다. 그런데 그런 자리에서 너무 개인적이거나 극단적인 상황을 가정하는 질문을 던져 위압적으로 면접자의 인내심을 시험한다면 실제 그 기업의 문화도 그럴 가능성이 크다.

이렇게 면접에 많이 참여하는 것만으로 당신은 원하는 근무처를 골라내고, 자신을 더 효과적으로 드러내는 능력을 기를 수 있다.

32

모르는 것이
돕는다

원론적으로 면접은 개인이 기업을 판단할 좋은 기회가 되기도 한다. 기업은 조직 내에서 상대적으로 인정받고 신뢰가 두터운 이들을 면접관으로 투입한다. 면접관들은 채용 직무에 필요한 역량, 자질, 성품을 판단하기 위해 후보자에게 각종 질문을 던진다. 그래서 면접자들은 이 자리에서 잠재적인 동료나 상사를 미리 엿볼 수 있다. 또 그들이 던지는 질문을 통해 기업의 지향점뿐 아니라 기업 문화까지도 파악할 수 있다. 그래서 면접은 항상 상호관계적인 자리라고 생각해야 한다.

면접에서는 당사자들이 서로의 의중을 정확히 전달하는 것이 중요하다. 또 아는 것들은 기꺼이 드러내고 모르는 것들은 겸허하게 인정해야 한다. 이런 태도를 견지해야만 서로가 리스크를 최소화할 수 있다. 그런데 면접자 대부분은 잘 모르는 질문에 당황하기 마련이다. 면접장에서 모르는 것을 인정하기는 쉽지 않다. 하지만 모르는 것은 적절한 방식으로 모른다고 말해야 한다.

어떤 기업이 상품을 한 줄로 설명해야 하는 카피 라이터를 찾는다고 가정하자. 이 자리에는 카피 라이팅 경력자는 물론 베스트셀러 소설가, 이모티콘 작가, 작곡가도 지원했다. 그리고 어떤 이유에서인지 이들도 면접의 기회를 얻게 되었다. 면접 자리에서 그들은 베스트셀러를 집필한 경험, 잘 팔리는 이모티콘을 창작한 경험, 히트 음원을 발매한 경험을 공유할 것이다. 그러나 여기는 카피 라이터를 찾는 자리다. 카피 라이터의 글은 소설보다 호흡이 짧고, 이모티콘이나 음원과는 달리 텍스트로 메시지를 표현한다. 그래서 이들은 여기서 자기 얘기를 끝내서는 안 된다.

세 사람은 자기 작품에 드러나는 창의력, 구성력, 표현력 등을 내세울 수 있다. 이 영감을 찾고 끄집어내는 능력은 카피 라이터로 일하는 데에 도움이 된다. 당신은 기존에 하던 일에서 지원한 자리에 필요한 역량을 찾아내 면접관을 설득해야 한다. 그리고 이를 위해서는 카피 라이터 일에 대한 이해가 필요하다. 업무 과정, 해당 기업이 카피 라이팅을 필요로 하는 이유, 타깃 소비자 등이 그 요소다. 그리고 당신이 정확히 모른다고 밝혀야 하는 것들도 이런 부분들이다.

직무의 세부를 하나도 모르는 상태에서 무조건 자신이 뭐든 다 할 수 있다고 주장하면 신뢰도가 떨어지고 지나치게 자아가 강하다는 인상을 줄 수 있다. 기업에 주로 발주하는 고객사가 아파트 시공사인지 식품 기업인지 의류 기업인지 외국계 기업인지 국내 기업인지는 외부인이 알기 어렵다. 혹은 클라이언트의 요구가 단순히 문구를 만들어내는 것인지 이를 확장하여 이미지 작업까지 이어가야 하는지도 면접 단계에서 직무 기술서만 보고는 알기 어렵다. 각 산업군에 따라 필요한 카피의 종류 또한 다르기에, 모르고 직무에 대해 잘못 논했다가 면접관은 당신이 자리에 적합하지 않다고 판단할 수도 있다.

필요 역량 중 내게 없는 역량이 있다면 그에 관해 학습할 방법과 계획, 지원에 대해 문의하여 배우고자 하는 열망을 보이는 것이 맞다. 그러고 과거에 새로운 일에 정진하여 성과를 만든 경험이 있다면 이를 덧붙이자. 유튜브 채널에 취미로 영상을 만들어본 개인적인 차원의 경험도 유효하다.

그럼에도 여전히 당신이 역량 공백을 교묘하게 감추거나, 결점을 찌르는 질문을 처세 좋게 우회하고 싶다면, 날카로운 면접관들이 활용하는 다음과 같은 문답 기술을 알아두고 대비하는 것이 좋다. 아마존이나 쿠팡에서는 면접에서 '5 WHY 방법론'을 활용한다. 어떤 주장에 다섯 차례만 Why에 관한 Why를 물으면 다음과 같이 주장의 핵심 근거에 도달할 수 있다는 것이다.

1. 당신이 재직한 기업은 온라인 이커머스 사업을 전개하는군요. 이곳에서 당신이 만든 성과는 무엇인가요?

   작년에 매출 1,000억 원을 창출했습니다.

2. 매출 1,000억 원이 발생하는 데 당신은 어떤 역할로 성과에 기여했나요?

   저는 상품의 판매를 담당했습니다. 제가 취급한 제품군은 가전이었습니다. 이는 전체 매출의 10%인 100억 원을 발생시켰습니다.

3. 그렇다면 상품 판매 전략은 무엇이었나요?

   대형 가전 기업들의 신제품을 무조건 저희 플랫폼을 통해 유통하도록 계약했습니다. 또 가전 기업들과 공동으로 특별 프로모션을 진행해서 소비자를 유인했습니다.

4. 그 2가지 전략을 시행하기 위해 무엇을 했나요?

평소 파트너사 담당자들과 네트워크를 잘 관리했습니다. 월 1회 이상 찾아뵙고 커피를 마시거나 식사하며 시장과 사업의 방향에 관해 논했습니다. 또 우리 플랫폼에서 가전제품을 구매하는 고객을 늘리기 위해 유관 부서에 이를 위한 활동을 지속해서 요청했습니다. 실제 최근 1년 동안 매월 가전 매출은 5%씩 늘었습니다. 이 점을 파트너사에 수시로 공유하며 우리 기업의 성장성과 고객 행동 변화를 설명하여 결과적으로 이것이 그들의 성과가 된다는 공감대를 형성했습니다.

5. 파트너사는 다른 판매 채널을 통해서도 제품을 유통할 텐데요, 다른 채널과의 경쟁에서 이기기 위한 전략이 있을까요?

온라인에서 가전제품을 구매하는 고객들은 품질에 대한 우려를 크게 드러냅니다. 그래서 제품을 직접 사용해본 다른 소비자들의 목소리에 귀를 기울입니다. 저는 이런 니즈에 발맞춰 리뷰 캠페인을 확대할 예정입니다.

6. 잘 들었습니다. 당신이 지금껏 가전제품 판매 영역에서 구축한 경험과 역량이 흥미롭습니다. 혹시 이를 바탕으로 의류 판매도 잘하실 수 있겠습니까?

의류 판매는 제가 지금껏 해온 것과는 다른 분야긴 하지만, 온라인 판매는 기본적인 방법론이 동일하다고 생각합니다. 그 공통분모를 잘 활용하고 싶습니다. 물론 시장, 파트너사, 고객 특성이 다르다는 사실을 압니다. 그래서 제가 입사한 뒤 이런 시장 차이에 관해 잘 알려줄 수 있는 멘토를 1명만 지정해주신다면 한 달 내에 의류 시장의 특수성을 파악하겠습니다. 그러고 이를 바탕으로 빠르게 성과를 내보도록 하겠습니다.

위와 같은 대화를 통해 면접관은 당신의 역량을 구체적으로 파악할 수 있고, 면접자는 해당 기업의 기대와 업무 지원 의지를 파악할 수 있다. 이것이 바로 무언가를 모른다고 인정하는 행위가 주는 이점이다. 당신이 역량을 발전시키고자 하는 의지를 드러낸다면 면접관은 이때부터 회사가 어떤 지원을 할 수 있는지 패를 보여줘야 하기 때문이다. 면접은 면접관이 면접자를 판단하는 일방적인 자리가 아니라 서로를 판단하는 상호적인 자리다. 그래서 노련한 면접자는 (자신이 가진 역량이 확실하다는 전제하에) 면접관에게 자신이 모르는 것들을 밝히고, 이를 보완하기 위해 기업에 원하는 생산적인 지원을 요구할 수 있어야 한다.

사람은 완벽할 수 없으나 노력해서 결핍을 보완할 수 있다. 결핍을 인정하고 도움의 손을 뻗는다면 세상은 생각보다 커다란 호의로 당신을 도울 것이다. 도움은 무지를 인정하는 데서 시작된다.

33

차이를 만드는
사소함

어떻게 하면 면접에서 자신의 역량을 더 잘 전달할 수 있을까? 이는 모든 직군에 통하는 방법과 특정 직군에만 통하는 방법으로 나뉜다.

일반적으로 기업이 입사 지원자에게 구체적인 역량 혹은 기술을 요구하고 채용 직무가 특정 툴이나 시스템에 기반할수록 지원자의 역량은 객관적인 성과나 지표로 판단된다. 가령 개발 직군이나 데이터 사이언스 관련 직군의 경우 실제 아키텍처, 코드, 알고리즘 등을 얼마나 잘 다루는지를 통해 그 역량을 확인할 수 있다. 이는 지원자가 이전에 만들어낸 성과, 실제 코딩 과제 수행 등으로 증빙된다. 그렇다면 기획, 전략, 재무, HR, 마케팅, 생산관리, 제조 등 경영 직군과 법무, 노무 등의 법률 직군, 그 외에도 비 기술직군으로 분류되는 분야에 종사하는 면접자들은 어떻게 구체적인 자기 역량을 내세울 수 있을까?

그 답을 찾기 위해서는 먼저 각 직군이 탄생한 배경을 이해할 필요가 있다. 개발, 데이터 관련 직군은 IT의 급격한 성장을 거치며 폭발적으로 수요가 증가한 분야다. 반면 경영, 법률 등 비 기술직군들은 기업이 태동한 이래로 제품과 서비스를 만들고, 이를 시장에 판매하고, 조직과 사람을 관리하고, 결과를 다루는 기업의 필요에 의해 줄곧 존재해왔다. 이런 분야에 종사하는 인재들은 일의 결과만으로 자기 역량을 모두 설명할 수 없다. 이 분야는 주로 일의 과정과 맥락을 다루기 때문이다.

SK의 티맵 택시 서비스가 시간대별 차등 요금을 적용하는 서비스를 출시했을 때, 정부의 요청으로 해당 서비스를 운영하지 못하게 된 적 있다. 수요가 증가할 때 높은 요금을 부과하는 일이 공급자에게는 필요할지 모르겠지만 소비자에게는 비용 부담이 된다는 이유에서였다. 하지만 지금은 같은 요금

체계가 카카오T 서비스에 채택되어 잘 운용되고 있다. 카카오는 여론과 정부를 설득해 요금 시스템을 관철한 것이다.

서비스 개발자들의 업무 성패에는 명확한 기준이 있기에 티맵과 카카오T 중 어떤 서비스가 기존 목표를 더 확실하게 구현했는지 비교·대조해볼 수 있다. 그러나 경영자들의 역량을 평가한다면 해당 서비스에 대한 여론, 정부 정책에 어떻게 대응했는지, 또 그에 따른 리스크는 어떻게 관리했는지를 살펴야 할 것이다. 단순히 티맵이 국내 최초로 택시 차등 요금제를 도입했으니, 혹은 카카오T가 서비스를 성공적으로 상용화했으니 누가 더 뛰어난 경영자라고 말할 수는 없다.

이를 더 자세히 이해하기 위해서 먼저 현대 기업 사회의 특징을 생각해보자. 한 기업의 직원으로 일하는 당신 주위에는 비슷한 일을 하는 동료와 경쟁자가 넘쳐난다. 이를 유사 업종으로 확대하면 그 수는 더 많아진다. 전 세계로 범위를 넓혀 볼 수도 있다. 글로벌 시장에서 이들은 모두 경쟁자다. 그래서 우리는 자기 차별성을 밝혀 어떻게든 대체 불가능성을 시장에 어필해야 할 압박감을 느끼게 되었다.

그런데 여기서 생각해 볼 점이 있다. '대체 불가능성'은 대체 무엇일까? 말 그대로 무언가가 대체할 수 없어야 한다는 말일까? 이는 분명 역량에 관한 것이다. 그러나 여기서 말하는 역량을 특정 기술로 한정한다면 그 대체 불가능성 또한 한시적일 가능성이 크다. 4차산업혁명 시대에는 그 어떤 천재도 급변하는 세상의 기술과 기회에 매 순간 적응할 수 없다. 메타의 마크 저커버그가 매년 새로운 기술을 공부하는 것도 이와 같은 이유에서다. 그는 자신이 거대한 SNS 세계의 창조자일지라도 블록체인과 메타버스의 최고 수준 전문가는 아니라는 점을 알고 있다. 그러나 그는 누구도 대체할 수 없는 위치에 있다. 그리고 앞으로도 그럴 가능성이 높아 보인다. 도래하는 기술과 시장의 변화를 누구보다 빠르게 깊이 공부하며 이를 서비스화하기 위한 실험을 거듭하기 때문이다. 또 그 실험이 가능한 메타라는 거대한 실험실을 가지고 있기 때문이다.

기업 조직은 줄곧 뛰어난 개인의 능력보다는 시스템을 활용하는 편을 선호해왔다. 그것이 더 안정적이고, 지속 가능하고, 리스크 관리에 효과적인 방향이며 결과적으로 효율성을 발생시켜 더 높은 생산성을 만든다. 그래서 기업은 인재를 채용할 때도 개인의 우수성을 소상히 파악하기보다 기업이 추구하는 인재상에 맞는 이들을 찾고 검증했다. 이는 각 기업이 선호하는 직원의 특성이 이미 정해져 있고, 일하는 방식도 이미 시스템화되어 있기에 면접 또한 이에 맞는 사람을 채용하기 위한 과정으로 설계된다는 의미다. 그래서 우리가 갖추어야 할 대체 불가능성은 그 기업이 원하는 조직적이고 시스템적인 활동에 해당하는 자세와 태도, 역량까지를 포함한다. 기업은 인재가 조직을 바꾸고 시스템을 혁신하는 것이 아니라, 주어진 체계 안에서 성과를 내기를 원한다. 만약 당신이 면접 자리에서 면접관에게 기업의 문제점을 짚고 이를 시스템적 차원에서 어떻게 혁신할지를 얘기한다면 면접관은 심드렁할 가능성이 크다. 그래서 지원자들은 최우선으로 기존 시스템에 자신이 얼마나 적합한 사람인지를 드러내는 편이 전략적으로 좋다.

이에 적합한 방식으로 역량을 내세우는 표현 방식은 크게 3가지다. 첫 번째는 '나는 금융 전문가입니다.', '나는 유통 전문가입니다.', '나는 게임 전문가입니다.'처럼 자신이 속한 산업군을 기준으로 자신을 표현하는 것이다. 두 번째는 '나는 영업을 잘합니다.', '나는 마케팅 전문가입니다.', '나는 안드로이드 개발자입니다.'처럼 직무를 중심으로 역량을 표현하는 것이다. 마지막으로 '나는 자료 조사를 잘합니다.', '나는 지표 관리를 잘합니다.', '나는 주어진 일은 반드시 기한 내에 해냅니다.'처럼 특정 업무를 중심으로 표현하는 것이다.

그중 첫 번째, 자신이 속한 산업군으로 역량을 표현하는 방식은 상대에게 당신의 전문 분야가 무엇인지 직관적으로 전달한다. 하지만 그 자체로는 정보가 제한적이다. 그것을 얼마나 잘하는지를 보여주는 정보는 없다. 또 이러한 표현은 대체 불가능성의 관점에서 차별점을 만들어내지 못한다. 일례로 카카오페이, 토스, 쿠팡페이, 네이버 파이낸셜, 하나은행 등에 종사한 이들이라면 누구라도 자신을 금융 전문가, 또는 페이먼트 전문가로 칭할 수 있다. 이들의 수만 해도 족히 수만 명은 될 것이기에 앞서 제시한 표현 방식으로는 한 개인의 대체 불가능성을 파악하기 힘들다.

다음으로, 특정 직무를 중심으로 역량을 표현하는 것은 구체적인 레벨에서 당신이 할 수 있는 일이 무엇인지 알 수 있게 돕는다. 하지만 이 역시 모호한 구석이 있다. 앞서 살펴본 티맵과 카카오T와 같은 서비스를 기획한 사람들의 역량 차이를 판단하기 쉽지 않은 것처럼 말이다. 어떤 사람이 기획을 잘한대도 그가 만든 기획서가 사업의 성과에 얼마나 기여했는지 알 방법은 없다. 어떤 사람이 마케팅을 잘한대도 그가 마케팅 조직에서 어떻게 일해왔는지 확인할 수는 없다. 지금은 마케팅 사관학교로 성장한 현대카드의 성공이 기발한 기획을 낸 기획자에게 있는지 캠페인을 준비한 캠페인 부서에 있는지 광고 부서에 있는지 알 수 없다.

마지막으로 특정한 업무를 단순히 내세우는 것은 간단하

고 사소해 보이기에 덜 매력적인 방식으로 여겨질 수도 있다. 그러나 이는 개인의 역량을 구체적으로 보여준다. 또 이런 업무들은 상위조직에서든 하위조직에서든 두루 쓰이는 범용 역량이다. 자료 조사와 지표 관리 등 업무를 효율적으로 처리는 능력은 분야를 불문하고도 필요하다.

결론적으로는 당신은 산업 영역 중심의 역량을 바탕으로 당신이 누구인지 상대가 이해할 수 있도록 설명하고, 특정 직무를 중심으로 당신이 어떤 일을 수행할 수 있는지를 전달하고, 마지막으로 구체적인 업무를 중심으로 역량을 강조해야 한다. 이 3가지를 모두 적절히 활용하여 당신이 무엇을, 어떻게 구체적으로 실행할 수 있는지 두루 설명할 수 있어야 한다. 물론 이를 위한 사전 준비물은 말솜씨가 아니라 실제 당신이 쌓아온 역량일 것이다.

이런 역량을 쌓기 위해 가장 필요한 덕목은 진실함과 성실함이다. 누가 보지 않아도, 당장 결과가 눈에 보이지 않아도, 인정과 격려를 받지 못하더라도, 자신이 맡은 일을 해내는 것이다. 일을 요청한 조직과 시스템의 움직임에 발맞춰 꾸준히 성실하게 해내는 노력을 이어가는 것이다. 왜 그 일을 해야 하는지 그 이유를 알고자 노력하고 자기 자신을 스스로 설득하는 것이다. 이것이야말로 대체 불가능한 사람임을 전달하기 위해 갖추어야 할 진짜 역량이다. 언제나 가장 사소해 보이는 일이 사실 가장 결정적인 차이가 될 수 있음을 명심해야 한다.

34

실질 경력이
명목 경력을 앞선다

이직을 고려할 때 반드시 생각해야 하는 요소 중 하나가 경력 연수 계산이다. 이는 대한민국 직장인에게 간단한 일이다. 우리는 10세도 되기 전부터 이러한 계산을 하기 시작한다. 전 세계 학교는 거의 모두 학년제를 채택한다. 교육 단계를 의미하는 학년으로 누가 몇 년째 교육을 받고 있는지를 쉽게 알 수 있다. 하지만 숫자 자체는 그 사람의 능력을 말해주는 절댓값이 되지 않는다. 초등학교 2학년과 3학년 사이에 존재하는 역량의 차이가 얼마나 되는지 묻는다면 답하기 어려울 것이다.

3학년이 2학년보다는 더 많은 공교육 수업을 들었다는 사실 밖에는 분명한 점이 없다.

기업 세계의 경력 계산 역시 이와 유사하다. 흔히 회사에 들어간 순간부터 현시점까지의 기간을 경력 연수로 3년 차, 5년 차, 10년 차로 표현한다. 물론 연차는 어느 정도 그 사람의 경험과 역량의 수준을 가늠하게 해준다. 일반적으로 10년 차 직장인에게 기대하는 것과 2년 차 직장인에게 기대하는 것이 다르듯 말이다. 그러나 직장인의 경력 연차 역시 그 역량의 차등을 매기는 절대적인 기준이 될 수는 없다. 그 누구도 같은 학년을 완벽하게 똑같이 경험하지 않는다. 같은 경험을 하더라도 이를 모두가 똑같이 이해하고 받아들이는 것도 아니다. 상황에 따라 어떤 이는 짧은 기간 동안 훨씬 많은 것을 경험하고, 또 어떤 이는 긴 기간 동안 적게 경험할 수도 있다. 어떤 경험은 성장의 기회가 되지만 어떤 경험은 퇴보의 원인이 되기도 한다.

예를 들어 당신이 몸담았던 업계가 오프라인 유통이라고 하자. 당신은 대표적인 유통 기업 A사에서 10년을 보냈다. 나름 실력을 인정받고, 전문가라는 소리도 듣고 있다. 당신은 온라인 유통 기업인 B사로 이직하려 한다. B사에서는 유통 경력 10년 이상을 자격 요건으로 내걸었다. 바로 당신이다. 당신은

B사에 지원했다. 그런데 막상 면접을 보고 나니 B사는 당신이 필요 수준에 조금 미달한다고 처음 이야기한 자리보다 더 낮은 자리로 오거나, 그도 아니면 대화를 중단하자고 한다. 나름 업계의 전문가로 인정받았고 경력도 10년이 넘었는데, 대체 무엇이 문제일까?

엄밀히 말하면 문제는 당신에게 있지 않다. 당신은 업계에서 최선을 다해 성과를 내며 성실히 살아왔을 뿐이다. 문제는 바로 그 업계와 회사 자체에 있다. 업계와 기업이 성장하지 못했다면 당신 또한 정체되었을 가능성이 있다. 절대적인 기간으로 볼 때, 당신은 오프라인 유통 업계에서 10년을 일했지만, B사의 사업은 오프라인이 아닌 온라인에 있다. 온라인 시장의 특성과 시장이 참여자들에게 요구하는 역량을 기준으로 볼 때 오프라인에서 일한 10년은 고스란히 온라인 유통 역량으로 전환되지 않을 가능성이 크다. B사는 10년 이상의 경력자를 채용하여 당장 중요한 업무를 맡기고자 하는데 당신의 경력은 B사가 원하는 만큼의 실질 경력이 아니다.

실제 쿠팡에서는 로켓배송과 로켓프레시라는 새벽 배송이 새로운 사업 모델로 시장을 장악한 순간부터 오프라인 유통 경력을 온전하게 인정받기 어려워졌다. 철저히 쿠팡의 관점에서 말이다. 또 다른 예로, 당신이 앱 개발에만 10년 이상 경력을 가졌다고 해보자. 그러면 챗GPT 개발을 이끌 사람을 찾는 자리에 지원할 수 없을 것이다. 안드로이드와 iOS 개발 경험을 통해 챗GPT의 개발 체계를 빠르게 파악할 수도 있지만, 당장 챗GPT 개발팀을 이끌 사람을 찾는 채용 맥락에는 부합하지 않는다. 이러한 특성을 이해하는 일은 헛물을 켤 가능성을 줄여 이직 과정의 효율을 개선한다.

그렇다면 이직하려는 기업이 같은 업계에 있다면 괜찮을까? 사업을 추진하는 속도와 규모가 다른 경우 그렇지 않다. 2~3년에 앨범 하나를 만들어내는 기획사 C와 매달 하나를 만들어내는 기획사 D의 일의 방식과 조직의 구조는 다를 수밖에 없다. 하루에 세 테이블만 받는 고급 레스토랑과 매일 1,000명이 넘는 고객을 받는 회전율 중심의 식당 또한 다르다. 팬데믹 이후 급성장한 온라인 쇼핑 산업에서도 제품을 직접 사서 판매하는 쿠팡과 판매자가 알아서 제품을 팔도록 플랫폼만 제공하는 G마켓, 11번가의 성장 환경은 다를 수밖에 없다. 지난 5년간 50% 이상 성장한 기업이 일하는 방식과 매년 5% 성장하는 기업의 방식이 같을 리는 절대로 없다.

이 중 어떤 기업에서 일하는지에 따라서 개인의 역량 발전 속도는 확연한 차이를 보인다. 기획사 C에서 10년을 보낸 이는 D사에서 요구하는 '10년 이상의 경력자'라는 요건에 부합하지만, 이는 D사가 기대하는 10년 경력의 세부와 같지 않을 가능성이 크다. D사의 기준에서 10년은 적어도 앨범을 120장 만들어봤을 시간이다. 10년 동안 단 5~6장의 앨범만 발매해본 이의 경험과는 다르다. 그것이 아무리 명반이고 엄청난 기획이 들어간 작업이었다고 하더라도 차이가 있다.

지난 10년간 연평균 성장률이 50%인 E사에서 10년을 보낸 이가 이번에는 동종 업계에 있는, 10년간 연평균 성장률 0%인 F사로 이직을 추진하는 경우가 있다고 하자. 그리고 이 업계 전체의 연평균 성장률은 10%라고 하자. F사는 분명 E사에서 10년을 보낸 이의 경력을 대환영하며 어떻게든 그를 영입하고자 할 것이다. 그것이 업계 평균에도 못 미치는 자사의 성장을 창출할 수 있는 인재 영입이라고 생각하면서 말이다.

같은 업종 내 기업 간 성장률이 다르다는 것은 성장을 규정하는 매출 규모와 같은 핵심 지표가 다르다는 의미다. 매출 규모는 사업 모델과 전개 방식을 결정한다. 그래서 각 기업의 성장률이 다르면 직원들이 해결할 문제와 업무 경험이 달라질 수밖에 없다. 개인의 성장세 또한 차이가 생길 것이다. 실제 성장률은 이런 차이들을 반영한다. 이직에서는 이것이 절대적인 경력 연차보다 훨씬 더 중요하게 고려된다는 점을 이해해야만 한다. 실질 경력이 명목 경력에 우선한다.

사전적 의미로 경력은 '여러 가지 일을 겪어 지내 옴.'을 뜻한다. 여러 가지 일에는 무엇이든 포함될 수 있기에 명목 경력 '3년 차, 5년 차, 10년 차'라는 표현 만으로 알 수 있는 것은 많지 않다. 그 기간을 실제 무엇으로 채웠는지, 즉 실질 경력이 훨씬 더 중요한 것이다. 기업들 대부분이 이런 접근법으로 경력 지원자들을 찾고 평가한다. 채용 담당자들은 탐색 단계부터 이런 작업을 한다. 가령 모바일 페이먼트 업체는 지원자를 찾기 위해 카카오페이, 토스, 쿠팡페이, 네이버 파이낸셜 등의 기업을 먼저 살필 것이다. 이 기업들이 모바일 페이먼트 시장의 성장을 만들어왔기 때문이다.

그렇다면 실질 경력을 계산하는 방법은 무엇일까? 다음과 같은 논리적 접근을 통해 대략적으로라도 당신의 경력을 최대한 실질적으로 파악해볼 수 있다. 기본 논리는 다음과 같다.

현재 다니는 회사의 특정 햇수 동안의 연평균 성장률에서 업계 전체의 동일 햇수 동안의 연평균 성장률을 뺀다. 이 차이(백분율)를 가중치로 절대 근속 기간에 대입하면 실질 경력이 나온다. 다음의 A라는 직장인의 실질 경력을 계산해보자.

- A의 실질 경력

명목 경력 연수: 10년

지난 10년간 기업의 연평균 성장률: 50%

지난 10년간 업계의 연평균 성장률: 10%

실질 경력 연수 계산

: 10년+10년x(50%-10%)=10년+10년x40%=10년+4년=14년

A는 실제 10년을 일했지만, 업계 평균 성장률을 기준으로 볼 때 이미 14년 차 수준의 경력 역량을 가지고 있다. 이렇게 새로운 회사의 성장률이 현재 회사보다 높지 않다면 당신이 새 회사에서 더 기여할 수 있다는 사실을 채용 과정에 적극적으로 전달할 수 있어야 한다. 이번에는 반대로 성장률이 낮은 회사에서 일한 경우를 생각해보자.

- B의 실질 경력

명목 경력 연수: 10년

지난 10년간 기업의 연평균 성장률: 0%

지난 10년간 업계의 연평균 성장률: 10%

실질 경력 연수 계산

: 10년+10년x(0%-10%)=10년+10년x(-10)%=10년+(-)1년=9년

B는 실제 10년을 일했지만, 이직하고자 하는 기업은 B의 실질 경력을 10년보다 짧게 생각하고 협상에 임할 것이다. 물론 실제 기록되는 경력은 10년이겠지만 B에게 기업이 기대하는 바가 그들이 생각하는 10년 차에게 기대하는 바와 같지 않을 수도 있다는 말이다. B는 이를 고려하여 이직 전략을 짜야 한다.

이직할 때뿐만 아니라 수시로 실질 경력을 계산해본다면 당신 커리어의 문제점 혹은 특장점을 파악할 수 있고, 그때그때 당신에게 유효한 성장 전략을 짜는 데 도움이 될 것이다.

35

정해진 보상은
없다

이직 과정에서 가장 흥분되고 떨리는 순간은 단연 합격 통보를 받을 때다. 성장을 위해서든 더 나은 근무 환경을 위해서든 더 높은 연봉을 향해서이든 그 핵심 동기가 무엇이든 이직에 성공하는 순간보다 더 짜릿하고 기분 좋은 순간이 있을까? 그런데 입사를 확정하기 전, 또 다른 흥분의 순간이 있다. 바로 연봉 협상이다. 일반적으로 연봉 협상은 모든 면접 과정을 잘 마무리한 이후에 진행된다. 이것이 흥분되는 이유는 어쨌든 당신이 면접을 성공적으로 끝냈다는 것을 의미하기 때문이다. 그리고 또 다른 이유는, 연봉 상승이라는, 당신 인생의 중요한 화두를 다루는 자리가 되기 때문이다.

그만큼 연봉 협상 테이블에 오르고 줄다리기가 오가고 최종 결정이 이루어지는 일련의 흐름을 이해하는 일은 말할 수 없이 중요하다. 연봉을 인상하지 못한다고 해도 시장에서 실제 나를 바라보는 가치 수준을 가늠할 계기를 제공해 주기 때문이다. 이번 장에서는 연봉 협상을 성공적으로 마치고 만족할 만한 결과를 얻는 데에 필요한 관점을 알아보자.

먼저 이직 스토리를 들여다보자. 우리는 주로 지인, 구직 커뮤니티, 헤드헌터 등을 통해 이직 스토리를 접한다. 여느 스토리가 그러하듯, 이는 대부분 성공사례에 초점이 맞춰지지만 그렇다고 해서 그게 엄청난 성공인 것은 아니다. 예외적으로 특별한 대우를 받아낸 이직 사례는 여간해서는 듣기 어렵다. 기업은 기밀 사항인 계약 내용을 밝힐 필요가 없고, 개인은 자기 성공스토리를 세간에 알려 질투의 대상이 되는 부담을 떠안을 필요가 없다. 이직에 실패한 이들의 사정은 더 듣기 힘들다. 기업들이 그들을 왜 탈락시켰는지 구체적으로 알려주지 않기 때문이다. 그러나 다시 한번 생각해보자. 평이한 이직 사례들을 모아놓는다고 해서 이들이 이직에서 받아낸 연봉이 모두 비슷한 수준일까? 그렇지 않을 것이다. 같은 직급에 있더라도 연봉은 협상 과정에 따라 달라진다. 이직 시장에 절대적인 연봉 책정 기준은 존재하지 않는다.

기업은 이윤을 창출해 발전하고 살아남기 위해 존재한다. 이를 위해 사업을 벌여 가치를 창출하고, 돈을 벌고, 다시 재투자를 통해 사업을 더 키워서 또 다른 가치를 창출해 돈을 번다. 이 과정을 반복하는 것이 기업이고, 이를 통해 벌어들이는 돈의 규모가 커지는 것이 기업의 성장이다. 따라서 기업에 필요한 것은 돈을 벌 수 있는 사업과 사람이다. 그리고 그런 사람을 찾아 투자하는 행위는 채용이다. 기업은 더 큰 가치를 만들어내는 인재에게는 더 크게 보상한다. 큰 보상이 보통 C레벨 직원이나 극소수의 스타들에게 집중되고 있을 뿐이다. 티나지 않게 말이다. 이것이 와닿지 않는다면, 아직 당신이 그 대상이 되어보지 못했기 때문일 가능성이 크다.

이제 연봉 협상에 관해 얘기해보자. 당신은 모든 면접 과정을 잘 치러낸 뒤 연봉 협상 단계에 이르렀다. 사측은 당신에게 100을 제시했다. 100은 당신이 기존에 받던 연봉과 당신을 채용할 자리를 고려한 일반적인 수준의 연봉일 것이다. 그렇다면 이것이 회사가 감당할 수 있는 최대치일까? 그렇지 않을 것이다. 100이라는 기준은 절대적이지 않다. 협상 담당자가 의도적으로 후속 협상을 위한 여유분을 남겨두었을 수도 있다. 회사의 오너나 CEO가 꼭 영입하라고 한 인물에게 연봉 최대치가 100이라고 못 박을 HR 책임자가 어디 있겠는가? 오너와 CEO의 힘이 절대적이라는 말은 아니다. 앞서 설명한 대로 가치를 창출할 수 있는 뛰어난 인재를 영입하는 것이 바로 기업가의 일이란 말이다. 당신이 정말로 큰 가치를 만들 수 있는 사람으로 인정받는다면 보상 기준은 언제든 바뀔 수 있다.

그렇다면 면접장에서 어떤 전략을 취해야 할까? 먼저 채용팀의 협상 담당자가 협상의 여지를 남겨둔 채로 첫 번째 협상에 임하고 있을 가능성이 있기에 첫 번째 제안은 되도록 바로 받아들이지 않는 것이 좋다. 채용팀 담당자의 핵심 성과 목표는 채용의 성공이다. 그가 이를 위해 당신에게 얼마나 많은 시간을 썼는지 생각해보면 이해하기 쉽다. 그는 지난한 채용과정 끝에 당신과 협상을 진행하고 있다. 그의 일은 당신을 탈락시키는 것이 아니라 당신과 사측을 동시에 만족시키는 채용을 성사시키는 것이다. 다만, 그렇다고 해서 첫 번째 제안을 무조건 거절하라는 말은 절대 아니다. 드물지만 첫 거절이 협상 결렬로 이어지기도 한다. 하지만 이는 협상에 임하는 방식과 자세, 거절 근거 등이 복합적으로 작용한 결과다.

당신은 이때 당신이 만들어낼 수 있다고 생각하는 가치가 사측과 얼마나 일치하는지를 알아야 한다. 서로의 입장이 가까우면 가까울수록 협상 성공의 여지가 더 높아진다. 만약 당신이 만들어낼 수 있는 가치의 크기가 100인데 기업이 인지하는 수준이 80이라면 당신은 구체적이고 설득력 있는 근거를 들어 기업의 인지를 100까지 끌어올려야 한다. 늘어난 20만큼의 잠재 생산 가치가 당신의 연봉 증가분이 될 수 있다. 그런데 당신이 만들어낼 수 있는 가치의 크기가 90이고 기업이 이를 100으로 인지하고 있는데 여기서 당신이 110을 요구한다면 그 협상은 결렬될 것이다. 그러니 이런 상황에서는 기업이 제시한 100을 수용하고 그 차이인 10만큼의 성장을 서둘러 도모하는 것이 합리적 전략이다.

이때 가치의 총합은 논리적인 근거를 들어 계산해야 한다. 잠재 생산 가치는 아래의 두 항목을 통해 고민해 볼 수 있다.

1. 당신이 하게 될 일, 그 일이 속한 산업 영역, 사업 모델이 만들어 낼 수 있는 가치의 크기
2. 당신이 합류함으로써 창출될 가치의 크기

1번은 산업 자체의 성장률과 연결된다. 경력 계산을 설명하는 장에서도 명목 경력과 실질 경력이 다르다는 점을 언급

했듯 성장하는 산업군, 성장하는 기업에서 일할 때 창출할 수 있는 가치가 더 크다. 아무리 뛰어난 인재도 지금 음악 시장에서 CD를 팔아서 큰 가치를 만들어내기는 어렵다. 반면 당신이 만들어낸 것이 스포티파이와 애플뮤직이라면 그 가치의 크기는 기존 기업들의 그것과 비교할 수 없을 것이다. 2021년 급성장하는 가상화폐 거래소 업비트를 서비스하는 두나무, 2024년 AI 열풍을 주도하는 엔비디아의 임직원 평균 연봉은 이미 억대로 올라섰다.

다음으로 그 산업 영역에서 당신이 만들어낼 수 있는 가치에 대해 파악하고 협상을 이어가야 한다. 이를 위해서는 당신의 핵심 역량과 회사가 필요로 하는 역량 사이의 적합성을 살피는 것이 좋다. 어떤 기업이 경력직을 채용한다는 것은 필요 역량을 가진 인력이 현재 그 회사 내에 없거나 부족하다는 사실을 의미한다. 기업은 이런 결핍을 채워줄 인재를 필요로 한다. 이때 당신의 경험, 성과와 기업의 사업과 목표가 원하는 역량 간의 유사성이 클수록 당신이 협상 테이블에서 얻어낼 수 있는 것 또한 커질 수 있다.

그런 의미에서 연봉 협상은 말이 오가는 자리가 아니라 계산이 오가는 자리다. 누가 더 합리적이고 구체적인 계산을 하느냐가 협상력을 강화한다. 그 계산은 산업과 사업, 개별 기업의 특수성이 잘 반영될수록 좋다. 계산이 옳다면 연봉이 높아지더라도 기업은 이를 지불한다. 상품에 지불하는 가격은 일회적이지만, 그 상품을 사용함으로써 얻게 되는 효용, 또는 불만의 비용은 지속적이다. 기업도 채용 시장에서 인재라는 상품을 이런 관점으로 바라본다. 사람을 잘못 뽑으면 그 사람 연봉이 얼마나 합리적으로 책정되었든 그로 인해 발생하는 손실 비용은 기하급수적으로 커진다. 반면 연봉이 높더라도 일만 잘한다면 그로 인해 발생할 효용이 훨씬 크다는 것이 기업의 계산이다.

이처럼 최적의 협상을 위해서 기업과 채용의 맥락을 충분히 이해하고, 자신의 가치 창출 역량을 계산하여 협상에 임할 필요가 있다.

36

일평생을 기준으로
판단하라

당신 앞에 2개의 기업에 채용될 기회가 있다. 모두 간절히 당신을 원한다. A사는 당신에게 지금 연봉보다 2배를 더 주고 스톡옵션 형태로 주식도 지급한다. 대신 당신이 해야 할 일은 매우 많고, 그 일을 수행할 조직도 충분히 갖춰지지 않았다. 사업 안정성도 담보하기 어려운 상황이다. 전형적으로 위험이 큰 만큼 보상도 큰 경우다. 반면, B사는 널리 알려진 대기업이다. B사는 당신에게 지금보다 20% 높은 연봉을 제시한다. B사에서 하게 될 일은 당신과 비슷한 연차의 이들과 비교해봐도 그리 특별한 점이 없다. 다만 조직이 크고 방대하기에 당신은 그곳에서 더 많은 훌륭한 동료와 더 좋은 시스템을 경험하게 될 가능성이 크다. 물론 그 때문에 속도감 있게 일하기 어려울 수도 있다.

둘 중 어느 회사가 더 나은 선택일까? 일생을 잘 살아가는 데는 돈이 필요하다. 돈은 일을 통해 창출한 가치가 벌어들인다. 그러니 당신이 만들어낼 수 있는 가치의 크기를 가늠해보고 그 가치를 최대한 실현하도록 돕는 기업이 어디인지 따져봐야 한다. 얼마나 벌어들일 수 있을지, 또 그만한 벌이를 얼마나 지속할 수 있을지도 참고하면 좋을 것이다.

A사가 3년 동안은 돈을 바짝 벌 수 있지만, 전망이 좋지 않은 곳이라면 조심해야 한다. B사가 20년 뼈가 빠지게 일해도 목표한 만큼 자본을 축적하기 어려운 곳이라면 이 역시 조심해야 한다. 그런데 당신이 A사에서 3년 일하고 충분히 돈을 벌어서 그 후에 어떤 일을 한대도 일평생을 살아가는 데에 문제가 없는 상황이라면 A사를 선택하는 행동에는 논리적으로 문제가 없다. B사를 선택하는 경우 기업의 이름값도 좋고, 시스템도 좋고, 사업도 안정적이라는 이점이 있지만, 일평생에 필요한 돈을 마련하기 위해서 앞으로 20~30년은 더 일해야 할 수도 있다는 사실을 진지하게 고려해야 한다. '일만 하다가

세월을 다 보냈다.'는 말을 농담으로만 들을 일이 아니다. 물론 B사에서의 경험이 더 높은 보상을 제공하는 회사로의 이직에 디딤돌이 된다면 그 역시 최대한 활용할 필요가 있다.

결국 이직할 기업을 정할 때 고려할 사항은 다음과 같다.

1. 이직할 곳에서 얻을 수 있는 핵심 역량이 무엇인가?
2. 그 핵심 역량으로 그다음에는 어떤 업종과 기업으로 이직을 고려할 수 있는가?
3. 업무적, 경제적으로 계속해서 성장을 추구할 수 있는가?
4. 일평생을 위한 자산 형성에 기여하는가?

위 4가지 항목을 질문하고 답변하는 과정을 통해 A사와 B사 중 지금 당신에게 필요한 곳을 판단할 수 있게 된다.

나는 2023년 여름 무렵 약 100명 규모 스타트업의 대표이사직을 제안받은 적 있다. 앞서 살펴본 대로 이는 스카우트 제의가 아니었다. 파티에 참석할 자격이 있는 복수의 사람에게 발송된 초대장이었다. 개인적으로는 처음 받아보는 대표이사 채용 파티의 초대장이었다. 연락을 받았을 때 반가운 마음 조금, 낯설고 의아한 마음 조금을 동시에 가졌다. 나는 이런 질문들을 스스로 던졌다.

- 지금 하는 일에 뜻이 있는가?

그렇다.

- 지금의 일과 일을 함께하는 동료로부터 유의미한 것들을 배우고
있는가?

그렇다.

- 지금 일을 통해 얻고 싶은 것은 보상인가? 성장인가?

둘 다. 그러나 성장이 조금 더 중요한 시기다. 성장을 통해 나만의
힘으로 더 큰 보상을 얻고 싶다.

- 그러면 지금 회사를 떠나야 할 마땅한 이유가 있는가?

없다.

내 커리어의 방향성이 나만의 기준으로 정리되자, 달콤하
고 매력적으로만 보였던 초대장을 객관적으로 볼 수 있게 되
었다. 아직 때가 아니라는 분명한 답을 찾을 수 있었고, 지금
은 지속적인 성장이 필요하며, 지금 다니는 곳이 내가 추구하

는 성장에는 더 부합한다는 점을 깨달았다. 나는 내게 연락을 준 회사에 답신하여 제안받은 자리에 더 잘 어울리는 선배 한 분을 추천하고 대화를 마무리했다.

결국 직장생활은 일평생의 풍요로운 삶을 위한 수단으로 고려되어야 한다. 커리어를 발전시키는 이직 역시도 그러하다. 판단에는 기준이 필요하고, 기준에 근거한 판단이 이루어졌을 때는 그대로 이행하는 결단력이 필요하다. 그때 비로소 당신은 더 나은 선택을 하여 자기 삶의 주인으로서 힘 있게 삶을 끌고 나갈 수 있을 것이다.

Don't or
Can't

이유가 무엇이 되었든 간에 회사를 떠나겠다고 마음먹었을 때 떠날 수 있는 사람과 떠날 수 없는 사람이 있다. 후자의 경우 만약 회사에 악감정이 있는 상태라면 그것만큼 괴로운 일도 없을 것이다. 이들이 회사를 떠날 수 없는 가장 큰 이유는 갈 곳이 없기 때문이다. 이직처를 알아봤지만 모두 거절당했을 수도 있다.

당신은 어디로든 떠날 준비가 되어 있는가? 지금의 회사에서 견딜 수 없을 정도로 불편한 상황에 있거나 성장이 요원한 상태인데도 떠나지 못하는 사람이 혹시 당신은 아닌가? 만약 그렇다면 지금부터라도 회사를 떠날 준비를 해야 한다. 이직 준비는 항상 하는 것이다. 하지만 우리는 이직의 필요성을 인식하고 나서야 스스로가 이직할 수 있는 인간인지를 들여다본다. 평소 자기 실력에 자신 있던 이들도 자신이 이직할 수 없는 인간이라는 사실을 마주하게 되는 경우가 허다하다.

그렇다면 어떻게 해야 미리 이직을 준비할 수 있을까? 무엇을 준비해둬야 이직이 필요할 때 주체적으로 행동할 수 있을까? 수백 번 강조해도 부족한 것은 자기 역량을 성실하게 갈고닦는 것이다. 회사에서 상사가 지시하는 업무, 쳇바퀴 굴러가듯 반복되는 업무만 처리하기보다 스스로 업무를 찾고 발전할 기회를 계속 모색해야 한다.

다음으로 자신이 떠날 수 있는 사람인지, 그렇지 않은 사람인지를 객관적으로 판단해봐야 한다. 쉽게는 외부로부터 지속해서 이직 제안을 받는지를 살필 수 있다. 이직할 수 있는 사람들은 자주 헤드헌터의 연락, 타 기업 HR팀의 연락을 받는다. 이런 초청장을 받는다는 것은 당신의 경험과 역량을 사고 싶은 이들이 시장에 있다는 것을 보여주는 방증이다.

그뿐 아니라 신문이나 책도 자신의 시장성을 판단하는 근거를 제공한다. 당신의 회사, 폭넓게는 당신이 몸담은 산업과 관련된 이야기가 신문 기사에 자주 등장하고, 책으로 많이 출간된다면 당신은 전도유망한 커리어를 구축한 것이다. 이를 통해 당신이 성장하는 산업에 속해 있음을, 수요가 높은 직무를 수행하고 있음을 확인할 수 있다.

마지막으로 당신이 속한 회사와 산업으로 투자가 몰리는지를 살피는 것도 당신의 시장성을 판단하는 근거가 된다. 돈이 몰리는 곳에는 필연적으로 상품과 서비스, 인프라와 설비, 사람에 대한 투자가 이어지게 되어 있다. 파이가 큰 만큼 이 시장에는 당신의 몫도 많다.

반면 당신이 어떤 이직 제안도 받지 못했고 그 어떤 미디어도 당신의 회사에 대해서나, 당신이 속한 산업에 대해 의견을 내지 않는다면, 나아가 그 어떤 자본도 당신이 속한 산업에 돈을 투자하고자 선뜻 나서지 않는다면, 이는 아무리 뛰어난 역량을 갖추고 있더라도 그 역량을 비싼 값에 사고자 하는 회사가 많지 않을 수 있음을 뜻한다. 그곳에서 일하는 당신은 이직할 수 없는 사람이다. 일부 비인기 종목의 선수들은 프로 무대가 없어서 자기 돈으로 올림픽 무대를 준비해야 한다. 능력이 아무리 뛰어나도 그가 속한 기업과 산업이 성장하지 않는다면, 개인의 성장 또한 도모할 수 없다. 그러니 회사 내에서도 어떻게든 투자가 집중되는 부서에서 일하고자 노력해야 한다. 그도 요원하다면 유망한 산업으로 업종을 전환해야 한다. 이것이 이직할 수 없는 사람이 상황을 반전시킬 방법이다.

2가지만 기억하자. 첫째, 이직할 수 있는 사람과 이직할 수 없는 사람의 차이는 크다. 둘째, 누구나 제대로 준비하면 이직할 수 있다.

어떻게 기억되는지는 중요하다

만약 자신을 성실하게 갈고닦아서 여러 차례 이직에 성공하고 발전을 도모해왔다면 잘하고 있다. 나는 당신이 지금까지 해온 것을 기반 삼아서 이전보다 더 빠르게 더 멀리 나아갈 수 있으리라 생각한다.

성장하고 발전하고자 하는 힘은 인류 역사를 일으켜왔다. 그리고 세계를 더 나은 곳으로 바꿔왔다. 당신은 이런 전 인류적 노력의 가장 작은 단위의 주인공이다. 우리는 일터에서 성과를 내고 개인적인 성장을 추구한다. 물론 특별히 대단한 일을 하는 사람들이 있다. 일론 머스크가 화성 탐사선을 쏘고 마크 저커버그가 메타버스 세계를 만드는 것은 사실이다. 하지만 이들의 성취 또한 직장인들의 성과가 모인 결과다. 이들의 노력은 언제나 아름답다. 물론 모두가 성과라는 꽃을 피워내길 바라지만 말이다.

다시 이직의 경우로 돌아와서 생각해보자. 당신은 지나온 모든 자리에 흔적을 남긴다. 당신이 이직하게 되면 회사는 함께 자산을 사용하며 노하우를 공유하고 가치를 창출했던 한 사람을 잃게 되는 것이다. 당연히 회사로서는 손해다. 동종 업계에 인재를 빼앗기는 잠재적인 문제도 마주하게 된다. 이는 당신이 경쟁사로 이직하는 경우 더 심각해진다. 중요한 정보가 유출될 수도 있기 때문이다. 업계는 이러한 정보를 민감하게 공유한다. 만약 당신이 그런 행동을 저지른다면 부정적인 평판을 피할 수 없다. 이는 떼고 싶어도 뗄 수 없는 꼬리표가 되어 오랜 시간 당신을 따라다니게 된다. 또 이직하게 되면 이전 회사에서 당신이 맺고 있던 모든 관계가 새롭게 정의된다. 이들은 동종 업계에 종사하는 사람으로서 앞으로도 당신에게 도움을 줄 수 있다. 성장과 발전을 위해서는 이 모든 관계를 더 잘 활용할 수 있어야 한다. 이를 위해서는 그들과 함께 일하는 동안 신뢰를 쌓아야 한다.

이는 결국 아주 단순하고 자명한 사실을 말한다. 언제 어디서든 잘해야 한다는 것이다. 아쉬울 때든 그렇지 않을 때든 똑같이 잘해야 하고, 높은 위치에 올라갔든, 그렇지 않든 잘해야 하며, 사업이 잘될 때든 그렇지 않을 때든 인간적인 존중과 배려를 잊지 말아야 한다는 의미다. 이를 통해 당신은 타인에게 좋은 기억을 남길 수 있으며, 이 기억은 성장에 영향을 미치게 된다.

함께 일하는 모두에게 예의를 갖추고, 맡은 일에 끝까지 충실한 모습을 보여야 한다. 또 마지막 순간까지 감사를 잊지 말아야 한다. 이는 함께 일하는 이들에 대한 예의이기도 하지만, 자기 삶의 일정 기간을 차지하는 직장과 그 직장 안에서 최선을 다한 자신에 대한 예의이기도 하다. 이는 당신에게 기회를 제공한 회사에 대한 충실이기도 하지만, 성장과 발전을 위해 자기 시간을 값지게 사용하고자 했던 자신에 대한 충실이기도 하다.

감사해야 할 것들은 많다. 노력에 보상을 받았음에, 역량을 펼칠 수 있었음에, 일하며 발전했음에 감사해야 한다. 이 감사의 마음이 클수록 이는 새로운 출발에 힘이 실릴 것이다. 자기 일을 사랑하고 동료를 아끼며 늘 긍정적이고 발전적으로 사고하고 행동하는 이들을 싫어할 사람은 아무도 없을 것이다.

최근 유행했던 '조용한 퇴사'는 그런 의미에서 다시 생각해볼 필요가 있다. 실제로 직장을 그만두는 것은 아니지만 딱 내 할 일만 하자는 캠페인이다. 이는 직장생활을 극도로 수동적인 행위로 만들고, 커리어의 새로운 가능성을 주체적으로 모색할 기회를 차단한다는 점에서 적절하지 않은 태도다.

결국 당신이 몸담은 모든 회사에서 성실하고 진정성 있게 일하는 것이 나의 커리어 전체를 돕는 일이다. 당신의 현재나 과거가 커리어의 발목을 잡지 않도록 항상 감사의 마음을 가지고 충실하게 일하자.

여기가
다가 아니다

두 번째 원고를 마감하면서 나는 그다음을 생각하고 있다. 2022년 출간한 첫 번째 책 《일을 지배하는 기술》을 통해 자본주의와 기업의 본질에 따른 일의 공식과 일의 태도를 밝혀내는 데에 집중했다. 두 번째 책 《내 일의 필로소피》에서는 그 공식과 태도를 나는 어떻게 활용하고 있는지, 나의 경험과 주변의 잘나가는 사람들의 사례를 소개하면서 보다 실질적인 도움을 전하고자 했다. 아마도 세 번째 책은 직장을 넘어서 독립된 주체로서 살아가는 방법에 대한 작품이 될 것이다. 그것이 내가 가장 중요하게 생각하고, 늘 꿈꾸는 성장의 다음 단계이기 때문이다. 내 꿈이 회사 안에서 이루어질지, 혹은 사업을 통해 이루어질지 아직 알 수 없다. 분명한 사실은 내가 바라는 미래를 맞이하기 위해 오늘보다 내일 더 주체적인 사람이 되어야 한다는 것이다. 이것이 책 전체를 통해 전하고 싶었던, 일에 대한 나의 필로소피다.

직장에서 내게 주어진 일만 하기도 벅차고 빠듯한데 일의 철학을 논하라니 어쩐지 머리가 아프다. 실제 주변의 가까운 지인 중에도 이런 나를 별종이나 극성으로 보는 이들이 있다. 그러나 한 번 일의 필로소피를 구축한 사람은 이전으로 돌아가지 못한다. 나는 끊임없이 성장을 추구할 수밖에 없게 됐다. 내 주변에도 어느새 나 같은 극성들만 남게 되었다. 그 극성들은 큰 자극이 되어주며 서로의 성장을 추동한다. 이들은 매일 독서하고 공부하면서도 회사에서 벌어지는 일들에 촉각을 곤두세우고 있다. 그럼에도 우리는 더 잘 성장하고 싶어서 서로의 극성스러운 삶을 들여다보고 배운다. 성장은 어느새 습관이나 생활 같은 것이 되었다. 그런데 이는 사실 그리 어려운 일이 아니다. 비결은 일의 필로소피다. 일의 필로소피가 나를 저절로 움직이게 한다.

잘나가는 사람들은 일의 필로소피라는 정밀하게 설계된

연비 좋은 엔진을 뇌에 장착하고 있다. 이 엔진은 삶이라는 차가 쉽게 가속하도록, 그리고 속도를 안정적으로 유지하도록 돕는다. 이 엔진을 가진 사람들은 자기 엔진에 대한 믿음이 있기에 어디서든 삶의 성능을 자신 있게 내보일 수 있다. 가끔 길을 잃는다 해도, 목적지에 도달하는 시간이 지연된다 해도, 좀처럼 쉽게 지치지 않는다. 더 깊이 공부하고, 사람들과 진정성 있게 교류하고, 성과로 말하고, 삶과 일에 대해 생각하기 때문이다. 일의 필로소피를 깨우치면 잘나가는 사람이 될 기회는 누구에게나 열려 있다. 이 책을 읽고 많은 사람이 자신만의 일의 필로소피를 찾기를 바란다. 여기 아닌 그 너머로 힘차게 나아가기를 바란다. 우리의 삶은 결코 여기가 다가 아니다.

내 일의 필로소피

2024년 6월 5일 초판 1쇄 발행

지은이 최형렬
펴낸이 이원주, 최세현

책임편집 강동욱 **디자인** 윤민지
마케팅 양봉호, 양근모, 권금숙, 이도경 **온라인홍보팀** 신하은, 현나래, 최혜빈
디지털콘텐츠 최은정 **해외기획** 우정민, 배혜림
경영지원 홍성택, 강신우, 이윤재 **제작** 이진영
펴낸곳 쌤앤파커스 **출판신고** 2006년 9월 25일 제406-2006-000210호
주소 서울시 마포구 월드컵북로 396 누리꿈스퀘어 비즈니스타워 18층
전화 02-6712-9800 **팩스** 02-6712-9810 **이메일** info@smpk.kr

© 최형렬 (저작권자와 맺은 특약에 따라 검인을 생략합니다)
ISBN 979-11-6534-959-2 (03190)

• 이 책은 저작권법에 따라 보호받는 저작물이므로 무단전재와 무단복제를 금지하며, 이 책 내용의 전부 또는
  일부를 이용하려면 반드시 저작권자와 (주)쌤앤파커스의 서면동의를 받아야 합니다.
• 잘못된 책은 구입하신 서점에서 바꿔드립니다.
• 책값은 뒤표지에 있습니다.

쌤앤파커스(Sam&Parkers)는 독자 여러분의 책에 관한 아이디어와 원고 투고를 설레는 마음으로 기다리고
있습니다. 책으로 엮기를 원하는 아이디어가 있으신 분은 이메일 book@smpk.kr로 간단한 개요와 취지, 연락
처 등을 보내주세요. 머뭇거리지 말고 문을 두드리세요. 길이 열립니다.